# 老子无为遇上孙子兵法

像水一样生活

［日］蜂屋邦夫　［日］汤浅邦弘　著

齐一民　译著

人民东方出版传媒
People's Oriental Publishing & Media
东方出版社
The Oriental Press

# 序
## 带你进入老子·孙子的思想世界

偶遇往往会带来崭新的发现——本书就是基于这种想法策划的。

回到距今两千五百年前的中国。活跃于春秋时代末期的两个人物——老子和孙子，是代表诸子百家的思想家。然而，老子是提倡无为自然的道家鼻祖，孙子是将人类的"有为"发挥到极致的战争原理的深思者，二人的思维倾向相去甚远，说是两个完全对立的端点也不为言过。虽然到目前为止将老子作为道家思想家推举、将孙子作为兵法家讨论的书籍汗牛充栋，却从未有人做过将他们二人合二为一的尝试。

然而，老子和孙子的确有令人不可思议的相似之处，最为突出的就是对"水"的共同关注。老子将水看作理想世界——"道"的呈现形式而大加赞赏。水本无形，姿态可变化无穷，就连在人类厌烦的地带，水也能平心静气地流淌，从而滋润万物促其成长。正是水的这种姿态让老子发现了世界最理想的形态。

孙子也将军队的最佳姿态用水来形容。将我方的实情暴露给敌军是最危险的，必须将军队的实况隐蔽，灵活善变而行，如此才能在举兵之时爆发巨大的能量。军队最理想的形态恰与水的样子相似。

本书用四章将老子和孙子的思想进行通俗易懂的解说，并在各章的结尾进行老子和孙子的虚拟隔空对谈，这样就能让他们二人将彼此当作镜子，映现出意想不到的共通之处。另外，我们特别想提倡的是："老孙"思想而不是"老庄"思想，才是能为人类谋求真正幸福的不二法门。

汤浅邦弘

# 目录

## 第 1 章　基本理念 _001

**老子：顺道而生——蜂屋邦夫 _003**

　　老子是个真实存在的人物？ _005

　　进入 21 世纪以来的新发现 _008

　　什么是老子思想中最根本的"道" _011

　　"有"和"无"均为"道"之活动 _016

　　无中生有，进而万物生长 _019

　　"无限大"的概念 _023

　　老子思想诞生于对儒家的批判 _025

**孙子：不战而胜——汤浅邦弘 _033**

　　战争改变引发出的哲学 _035

　　一家一册的"畅销书" _039

　　出土竹简中的新发现 _041

　　什么是战争？ _043

　　战前先给战斗力打分 _046

　　我军和敌军都能保全的胜利 _049

　　只有事先充足的准备才是胜利的保证 _052

　　不战而胜思想的多种运用方式 _054

**隔空对谈·老子 × 孙子：老子之"道"、孙子之"道"_057**

　　三个同时代人 _058

　　什么是"道"？ _060

　　老子的兵法 _062

## 第 2 章　生存哲学 _065

**老子：上善若水——蜂屋邦夫** _067

　　"无为自然"的概念 _069

　　有所作为则天下不治 _073

　　向水学习柔弱的生存方式 _076

　　与世俗知识相反的真理 _081

　　强者不争 _084

　　《老子》的"不战而胜" _088

**孙子：水是最理想的形态——汤浅邦弘** _093

　　洞察人的本质 _094

　　人该怎样活着 _098

　　灵活判断情况并采取与实力相符的对策 _102

　　气和势——根本物质和集团能量 _107

　　水——军队的理想姿态 _110

**隔空对谈·老子 × 孙子："水"使人变成哲学家** _113

　　将"水"作为理想的思想 _114

　　柔弱之水的强大 _116

　　水激发思想家的想象 _118

# 目录

## 第3章　与人相处之道 _121

**老子：谦恭为佳——蜂屋邦夫 _123**

与其企望成功，不如避免失败 _124

不自作主张才能获得人们的敬爱 _128

不全面对决，而是谦恭地对外交往 _130

蒙蔽对手的战术 _134

君主无为，尊重人民的自主性 _138

老子心中的理想社会 _141

**孙子：刚柔并济——汤浅邦弘 _147**

阐述组织论最彻底的兵书 _148

将军与士兵的相处之道 _152

极端状况下将军如何管理部下 _157

人际关系的要诀 _161

**隔空对谈·老子 × 孙子：面对"战争"的两种思想 _167**

《老子》是遁世者的思想吗？ _168

组织之中的人 _171

# 第 4 章　漫步人生的方式 _175

**老子：顺其自然——蜂屋邦夫** _177

　　舍弃多余的东西 _178

　　知道满足 _183

　　简约的规劝 _187

　　舍弃相对的价值观 _190

　　《老子》的有趣之处 _194

**孙子：随机应变——汤浅邦弘** _199

　　从兵书独有的智谋中得到启发 _200

　　取得先机，随机应变地行动 _206

　　不以取胜为目标，要以不败为目标 _211

　　新人和新古典 _215

**隔空对谈·老子×孙子：把"老孙"思想当作人生良药** _219

　　真正的幸福 _220

　　老子和庄子 _222

　　走向"老孙"思想 _224

# 后记 _227

# 第1章 基本理念

老子：顺道而生 ——蜂屋邦夫

孙子：不战而胜 ——汤浅邦弘

隔空对谈・老子×孙子：老子之『道』、孙子之『道』

老子：顺道而生

# 老子是个真实存在的人物吗？

中国古典思想著作《老子》是由一位叫"老子"的人写成，然而人们对这个人在世间是否真实存在过一直怀有疑问，有关他的生活经历也始终是个掩盖在面纱下面的谜团。

最早能够为老子这个人物提供可信肖像线索的书是史学家司马迁[1]撰写的《史记》[2]里的《老子列传》。在《老子列传》中被列举的能用"老子"之名称呼的就有三位"候选人"：老聃、老莱子和太史儋。由此可见，即便在司马迁的时代（公元前100年前后），

---

1 司马迁：前145（或者前135）—前87（？），西汉历史学家，汉武帝时期的官吏，继承父亲遗志执笔《史记》。公元前98年，司马迁因触怒了武帝而遭受宫刑，忍受着耻辱完成《史记》的著述。

2 《史记》：司马迁所著史书，于公元前89年左右写成，是起始自五帝时期，历经夏、商、周、春秋、战国、秦，直至汉武帝为止的通史。全书共一百三十篇，是用纪传体书写正史的发端。后世时，"五帝本纪"前面的"三皇本纪"也被补足。

"老子"就已经是一个模糊不定的人物了。

在三位老子"候选人"里被最详尽描述过的是老聃。老聃出身楚国，姓李名耳，字聃（或伯阳）。老聃似乎是通称。由于"聃"是耳朵长的意思，将"耳"的名字与之对应，就能想见他是个耳朵颇长的人物。他是周王朝守藏室的史，用现代的说法就是做类似国立图书馆书记官的工作。

老聃生活的时代是跨越春秋[1]末期与战国[2]早期的公元前5世纪前后，彼时周王朝的权威已经瓦解，封建秩序开始崩溃，群雄割据的战乱之世已经开始。

深感周王朝气数已尽的老聃辞掉了公职，骑在牛背上从都城洛阳出发踏上了奔向西方的旅途。传说就在老聃到达途中的一处关口时，一位守关的名叫尹喜的人求他讲道，老聃于是书就一部上下两篇、共五千余字的书，这就是流传至今的《老子》的原本。这部上下两篇、共五千余字的书的构成与我们现在看到的《老子》完全一致。《老子列传》说此后老聃继续他的西行之旅，不知最

---

[1] 春秋：是从东周起始（前770）到公元前5世纪初的时代。齐、晋、楚、吴、越等诸侯国为称霸中原反复相争。记载诸国事件的编年史《春秋》提供了这段时期的主要史实和年代，因此用"春秋"命名这一时期。

[2] 战国：从韩、魏、赵三家分割晋国的公元前5世纪中期左右开始，到秦始皇统一全中国（前221）为止的时代。韩、魏、赵三国之外，再加上齐、楚、燕、秦，形成"战国七雄"，专心于战争和权谋术策。这一时期，为了抵抗敌人大规模的攻击，出现了带有坚固城墙守卫的巨大城市（都城），工商业也十分繁荣。

终亡故于何处。

其他两位"候选人"老莱子和太史儋的身世也有与老聃共通之处，但我们无从知晓三个老子"候选人"中究竟谁是真正的老子。

司马迁说老子是位"隐士"。隐士指不涉身政治、避世而有德之人。从这个立场来看，可以想见当时有诸多观察批判世间万象之人，他们或许是单一的个人，或许为数众多，不知不觉中凝结成一个"老子"的人物形象。《老子》中确有许多与单一作者著述形式相矛盾的思想内容。作者人数姑且不论，写《老子》一书的作者是曾经存在的真实人物，这一点是毋容置疑的事实。即便他究竟是谁我们无法知道，但为了方便起见，我们在此权将《老子》的作者就称作"老子"。

未知生，焉知死。——《论语·先进》

## 进入21世纪以来的新发现

其实《老子》一书的名字是后世人给予的,它原来只是一部无名之书。《老子》也被称为《老子道德经》《道德经》,因为它是老子论述"道"和"德"的经典之作。

我们现在读到的《老子》共有八十一章,章节的分解也是后人所为。或许该书直到西汉末期才被分出章节,形成今天的顺序则是在更晚之时。

使古代《老子》的本来面目显现的是进入21世纪后的两项重大发现。在这之前的最古老的文本是8世纪初的《道德经石刻》;后来,比它还要早九百年的《老子》版本被发现了。

1973年,湖南省长沙市马王堆第三号汉墓出土了两种被书写在绢上的《老子》,它们被称为"帛书《老子》"(帛即是绢)。

这两种《老子》分别被命名为"甲本"和"乙本",甲本书写于公元前200年前后,乙本比甲本要晚二十三年书写。甲本没有书名；乙本在二篇的末尾写有"德"和"道"二字，它们与其说是书名，不如说是为了表示两篇的区别而把两篇开头的字拿来作标记。

又过了二十年，1993年湖北省荆门市郭店第一号楚墓（战国时期楚国墓）中出土了数十种竹简。竹简是在切成细条状的竹片上书写文字，然后用粗绳将它们编成帘状的书册。这些竹简中就包含着比马王堆出土的《老子》早约一个世纪写成的《老子》，现在被称为"郭店楚简《老子》"。

帛书、楚简两种《老子》都没分章节。虽然帛书《老子》标记的"德""道"的顺序和现在《老子》的篇章顺序相反，其篇下文章的排列却与现在《老子》基本相同。与之相比，楚简《老子》的排列顺序和现行文本迥异。除了这两种《老子》，2009年，北京大学获得了包含《老子》在内的三千三百多枚西汉竹简，其中《老子》的竹简被整理出二百余枚，于2012年12月作为《北京大学藏西汉竹书（贰）》出版。期待《老子》研究今后获得更新进展。

作为从中国古代就被代代接续研读的思想之书，《老子》原典是一部有五千余字的精练读物，如果仅用眼睛浏览文字瞬时即可读完。然而，《老子》所写内容却非常朴素而费解，既无能给生活提供示范的易懂逸闻，也无令人欢欣雀跃的故事性情节，里面仅有罗列得像成语或惯用语的字句，对于不熟悉汉文的日本人来说，即便阅读原典，也难解其中味道。

即便对于中国人来说，含诸多费解语汇的《老子》似乎也难于入门，因此出现了许多种解读其语句含义的注释书籍，现存最古老的集合注释由公元 3 世纪三国时期魏国人王弼[1]所著。西汉河上公[2]的注释也颇为有名,但该书只是借了河上公之名,成书却在王弼之后。

在日本,研究者们也出版了很多解释《老子》内容的易懂的译本,但那些书中夹杂了许多译者的主观观念,是否忠实表现了《老子》思想值得怀疑。鉴于此,本书基于自古相传的王弼《老子注》解释,并以参考过帛书《老子》和楚简《老子》的拙译作为底本。

《老子》并不是按顺序的故事连缀,也无起承转合,而是将拥有共同主旨的思想在不同的章节中重述,由于章节序列无很大意义,没必要从第一章按顺序阅读,从何处阅读均可,即使随意挑感兴趣的部分阅读也无妨。

---

1 王弼(226—249):三国时期魏国学者和思想家。从幼年就精通儒家思想、道家思想,并为《易经》和《老子》做注解。王弼是将儒道思想融合起来理解、形成超凡哲学"玄学"的中心人物,他热衷于"圣人是否有喜怒哀乐的情感"等问题的讨论。

2 河上公:河上公指的是汉文帝(前179—前157在位)时期"隐居在黄河畔,姓名不详的士"。河上公所做的注释通常写为"河上公注"。实际上,河上公被认为是南北朝时代(5—6世纪末)的人物,其书是在王弼注以后所著。

## 什么是老子思想中最根本的"道"

那么，我们就进入书的内容吧。老子思想之所以被称为"道家思想"是因为《老子》是论道之书，但这里所谓的"道"并非我们日常走路所用的道路。作为中国古代两大思想之一，和"道家思想"并列的儒家思想也同样重视"道"。儒家的"道"是实践道德，指的是行为准则和事物规律，是人类生活示范的最高理想。儒家的"道"具体化就是"礼"，儒家将对上级和双亲的礼节视为人类最该尊崇的重要举止。

老子的"道"和儒家的"道"有所不同。和儒家一样，老子的"道"也表现为做人方式，但同时还包含更为重要的孕育天地万物的根本原理或者根据。这比儒家之"道"更进了一步，不仅关乎人类社会，更延展至遥远的宇宙，道家将"道"作为一切事物生成和存在的依据。儒家将"道"视为"人间学问"，道家将其无限扩展，看作"自然科学"。

了解了作为《老子》根本思想的"道",也就知晓了组成世界的万物(包括人类)如何生成和怎样终结。只有知道了这些,才能明白何为理想的生活方式。

虽然很抽象和难懂,还是让我们依循《老子》来探知万物之根源和天地万物之初始吧。表现万物之始和"道"之间关系的是第二十五章。

> 有物混成,先天地生。寂兮廖兮,独立不改,周行而不殆,可以为天下母。

<blockquote>不知何物混沌地存在、运动着,先天地而诞生。它静默无形,独立而不依存任何他物,它始终无休止地循环往复,可称为这个世界之母。</blockquote>

这一节表现天地万物生成前的混沌状态。

人们认为天地的创造者为"神",基督教讲"主"创造了这个世界,日本神话也说是"诸神"开辟了天地。然而,《老子》中并没有作为造物主的"神"登场。"不因其改变、不对其依存"——老子思想的特征就是不假设有一个作为造物主的"神"之存在,这也是《老子》被认为富有哲学性的缘由。第二十五章接续说道：

> 吾不知其名，字之曰道。强为之名曰大。大曰逝，逝曰远，远曰反。

我不知道它的名字，赋予它一个名字"道"。强行编排一个名字曰"大"。大而四处运行，四处运行而相远，相远后又返回元初。

老子认为天地生于混沌之运动，虽然将"混沌之运动"称为"道"，却不将其视为神那样形象化的存在，而是指生成事物根源性的程序或者秩序。"吾不知其名"意为它先行于一切事物而且无形，因此无名称；但如果不赋予它名称人们就无法获得共通认识，也无法对其进行说明，于是就姑且称其为"道"。

如"强为之名曰大"所言，"道"和"大"也是同义语。道充斥于世界所有角落且无限大，"大"则用于表现"道"所拥有的无限产出能力和无限之广度。

"大曰逝，逝曰远，远曰反。"描述"道"之动态。

从生活于"道"之中的人类角度来看，这一句就是讲述我们先因"道"而生，之后生活中活动轨迹各异，最后又死于"道"

至言去言，至为无为。——《列子》黄帝

第1章 基本理念　013

中（返回）——这个自然摄理的动态过程。

> 故道大，天大，地大，王亦大。域中有四大，而王居其一焉。

道是大的，天是大的，地是大的，王也是大的。这个世界上有四个大的东西，王占据其一。

我们比较能够理解天地之"大"，然而通常我们不认为作为人的"王"能和"道"及天地相提并论，但在古代中国王不仅是作为统治者，而是像天空和太阳一样的绝对存在。

第二十五章做了以下总结：

> 人法地，地法天，天法道，道法自然。

人以地的存在方式为榜样，地以天的存在方式为榜样，天以道的存在方式为榜样，道以自己本然的存在方式为榜样。

"人法地"意为人类顺应大地的状况而生活，比如我们建房时避开湿地而选择干燥而坚固的地基，务农时也选择适于土地的形态和土壤成分的农作物。

"地法天"意为大地从太阳月亮的周转和四季变化等天象的活动中受益，而孕育滋养植物和动物。

> 书不尽言，言不尽意。
> ——《易经·系辞传上》

"天法道"意为天上之所以有太阳和月亮、晴和阴、风和雨等现象，是由于顺从了孕育天地的"道"。

最后的"道法自然"中的"自然"并非花鸟风月、山川草木等现代我们所想到的"自然"，这个"自然"意指"自己之本然"。"自己之本然"是指不受外在影响、从远古就有的自体本然状态。"道"并非因任何他因而成为"道"，"道"存在于天地被创造之前，其运行从未发生过任何改变和阻碍。

## "有"和"无"均为"道"之活动

第二十一章也描绘了孕育天地万物的"道"之模样。

> 道之为物,惟恍惟惚。忽兮恍兮,其中有象。恍兮忽兮,其中有物。窈兮冥兮,其中有精。其精甚真,其中有信。

道那种东西朦胧而深奥。虽然朦胧而深奥,其中却有某种形象。虽然朦胧且深奥,却有实体。虽然深奥晦暗,其中确有纯粹之气。那种纯粹之气十分充实,其中确有一切的本因。

这里出现了"恍""忽"二字,在"恍忽"的词义中含有"心被夺走而出神"和"模糊而暧昧"两种意思,这里取其后者。尽管作为万物之始的"道"的实体十分不明确,但其中的确有着什么。

然而在十四章里却说在恍忽之中一无所有，那么就产生出一个疑问：作为一切根源的"道"究竟是"有"还是"无"呢？我们可以理解为尽管作为姿势和形态是什么都没有的，使其活动的某种动因却暗含其中，老子将那种非有非无的暧昧东西权且命名为"道"。

在《老子》中常有的表述里，在将"无"和"有"对比的同时也将"无"和"有"视为终极意义上的同一物，即无论哪方都是"道"，比如第一章中就如是说：

> 道可道，非常道。名可名，非常名。无名，天地之始。有名，万物之母。故常无欲以观其妙，常有欲以观其徼。
>
> 此两者同出而异名，同谓之玄。玄之又玄，众妙之门。

第一章非常有名但文章难懂，从古至今有各种解释。前半部分像第二十五章说明的那样，说"道"本无法用语言表达，其

被指示为道的并不是恒常的道。被指示为名的不是恒常的名。天地生成之始还没有名，万物被表现之后才定立的名。因此只有站在无欲的立场上才能看到道微妙且深奥的样态，如果站在有欲望的立场上，只能看到万物作为道的活动结果的各种现象。

这两样东西——微妙且深奥的样态和万物活动的样态虽然都出自道这同一个源头，却被赋予不同的称谓。由于出自同样的源头，它们也被统称为微暗且深奥之物（这样就能使道的活动和万物的活动同一）。微暗且深奥之物之上假设还有深奥之物，所有的微妙都从那深奥之物之上的深奥之物中产生。

为人使易以伪，为天使难以伪。——《庄子·人间世》

在天地之始以前的状态是"无名"的，滋生万物之后才变为"有名"。

后半部分则说从欲望有无两种不同立场出发会对"道"持有不同看法，这部分文章也很费解。"无欲望立场"是指不抱任何意图的客观立场，用那种立场看世界就能看到"道"之"妙"处。"妙"意指微妙和深奥，通过它就能看到天地创造以前的"无"，即无名状态的"道"。

另一方面，所谓"有欲望的立场"是指从怀有意图和世俗的立场看世界，那样就能看到"道"之"徼"，"徼"意指归结和末端，是万物生成后的状态，即现实中的天地万物活动。

接下来老子说"妙"和"徼"都与"道"同根而生，二者都"玄"。"玄"是表现深奥和幽暗的词语，根据是否带有欲望来观察的不同，有人能窥见"道"本相之活动，也有人只能看到天地万物的活动，这两种见解不同，也就将"玄"和"玄上之玄"二者区别开来。"玄"之上更"玄"的就是先前所说的无名之道，其结果是从"道"中万物出生。

## 无中生有，进而万物生长

老子所言"道"似乎越听解说越难懂，因此没必要强行理解其细节。说"无"并不是指其中什么都没有，而仅是指其中有一个难以规定为何物的"无"。如果明言里面存在着这样一个东西就会使人限定于那种存在，因此可以把"无"理解成包括所有一切的字眼。

在第四十章中，"无"和"有"的关系得到了更简单明了的表述。

天下万物生于有，有生于无。

> 世间万物都从有形之物中派生，有形之物从无形之物中派生。

老子欲说的是"无中产生有，然后从其

中天地万物出生"。

第四十二章进一步发展，将从"道"中万物怎样生长的过程按顺序说明。

> 道生一，一生二，二生三，三生万物。万物负阴而抱阳，冲气以为和。

被称为无的道产生出叫作"有"的一，一产生出叫作"天地"的二，二上附加阴阳之气之后产生出三，三产生万物。万物内部怀有阴气和阳气，通过让两种气交流而保持和谐。

最早出现的"道"是先于天地存在的某种东西，即所谓的"无"，它是既无姿态也无形状的存在，同时是作为"一"的气。从"一"中进而分为"阴阳"两个，变为"二"，接着"冲气"（让阴阳二气相互作用）而生出了"三"，然后从其中万物滋生。如果说所有一切都是从"无"中生成的，就会被质疑从真空里能否派生出一切；但老子所谓的"无"并不是什么都没有，而是指包含所有一切可能性的状态。

作为《老子》根本概念之一的"无"将后来的中国思想引入深奥，尤其是对佛教和禅宗[1]的影响十分强烈。比如，在唐朝慧能的《六祖坛经》中有这样一句用偈颂表述的禅语："本来无一物，无一物中无尽藏。"它的意思就是："人本来不携带任何东西而出生，但正因如此，才暗含着无限的可能性。"而这种说法和老子思想中的"无"拥有无限广阔性具有同等的意思。

第五十一章表述万物出生之后在"道"中如何繁育的过程。

　　道生之，德畜之，物形之，势成之。是以万物莫不尊道而贵德。道之尊，德之贵，夫莫之命而常自然。

　　故道生之，德畜之，长之育之，亭之毒之，养之覆之。生而不有，为而不恃，长而不宰，是谓玄德。

道生出万物，德将其养育。赋予它们物的形体，并让其具有动态而成为完成的形态。因此万物都尊崇道并且尊贵德。尊贵道和德，并不是因为将它们推崇到尊贵的地位上，而是任何时候都自觉地那样。

所以道生出万物，德养育万物，让万物成长发育，再使其内容完备，并且爱惜和庇护它们。即便生出了万物也不想拥有，即便施恩泽也不求报偿，即便使其成长也不会支配它。这就是所谓的深奥之德。

凡人心险于山川，难于知天。——《庄子·列御寇》

---

[1] 禅宗：主张从自己的心中追求佛教真理，通过坐禅而获得领悟的宗派。禅宗将6世纪初在中国传播禅的印度僧人达摩奉为始祖（禅向日本正式传播是从12世纪末开始的）。

这里应该注意的是"道"和"德"两个字被同时使用。《老子》一书之所以也被称为《老子道德经》是因为它不仅论"道",也讲"德"。

从开头部分二者看似不同:"道"是生育之亲,"德"是养育之亲,然而正如后半部分所释义的"道生出万物并养育",《老子》中的"道"和"德"并非不同之物,"德"内存于"道"之中,起养育作用。

老子喜欢将原本的语义作逐渐扩大化解释。比如,"道"最初是指步行的道路,之后就从人的通行必由之路变化为"事物的规范",直至扩大为"产生万物之原理",与其相同,"德"的含义也逐渐扩大。

一般当我们说"那个人是有德之人"时,通常指做善行之人,"德"也通常被认为存在于人的内心,但《老子》之"德"不仅指人心之本来模样,还关乎我们用眼睛看不到的天地之运行,这是因为老子所定义的"德"绝不仅是人心之中的德行,而是孕育和爱怜这个世界上存在所有一切的一种作用。

在后半部分我们读到"道"即使孕育了什么也不据为己有、即使施恩于谁也不求回报、即使促成了什么也不支配。这是说它即便有"道"之尊,其样态也和"积德"并无二致,不以自己的善行而自鸣得意是德之基本。

然而严谨而言,"道"和"积德"还是稍有不同。人类行善时往往是有意图、有作为的,但在"道"这里所有意图和作为都不存在。"道"之运营是"原本之运营",即使抚育万物也不是"有作为",而是本然之举。

# 「无限大」的概念

"道"是那样自然地生育万物,世界是那般无限地扩展,老子还在其中发现了"无限大"的概念。在第四十一章中如是说:

> 大方无隅,大器晚成,大音希声,大象无形。

> 大的方形没有棱角,大的器物成就较晚,大的声音听闻不到,大的形象没有形状。

所谓"大方无隅"是指假如将四角形无限大地放大,那么最后边角就会消失。第三句"大音希声"是说当无限大的声音超过能听到的领域时,最后就听不见了。"大象无形"是说物体无限变大时其形状就难于把握。虽然这三句话都和无限大概念有

祸福无门,唯人所召。——《左传·襄公二十三年》

关，这段话中还有一句与它们意趣相异的文言就是"大器晚成"，是说大器完成得较晚。

现在我们熟知的"大器晚成"是将"器"比作人的器量，意为"人只有在年龄大了之后其才能才会表现出来而变成大人物"。在这个段落中其他三个句子用的都是否定式，很奇怪只有这句是肯定式。按照其他三句的逻辑本来这句话应该写成"无限大之器是不可能完成的"。

似乎在最早的《老子》中这句话另有别的方式表达。例如，在1973年发现的帛书《老子》里写的就不是"大器晚成"，而是"大器免成"。"免成"是"避免完成"，就是"大器是完成不了的"的意思，这和其他三句话一样，都是否定式。

再看1993年出土的楚简《老子》，这里写的是"大器曼城"，"曼"在"无"的意思上同"免"相通，"城"与"成"同义。就这样，随着新材料的发现，读法之别和解释之差也就愈加明显。

# 老子思想诞生于对儒家的批判

要而言之,《老子》的主旨是"不求多、不作为、不与人争、按原状而生",极端地说就是推崇谦虚而消极的生活方式,据此,《老子》被我们现代人解读为貌似"隐遁之书"和"弱者的为人处世术"的书。

然而,原本《老子》并不只是一本为社会竞争中落败的弱者疗伤所写的书,它不仅面向大众也面向统治者而写,即有所谓"权谋术之书"之侧面。不仅有"天子""侯王""万乘之主"等代表统治阶层的语汇频繁登场,其中还有表现理想君主的"圣人",它是《老子》代表性词语之一。在《老子》中比个人处世哲学更多的是怎样更合理地治理国家和领土的统治论,而《老子》统治论中贯彻始终的特征之一,是颠覆之前社会常识的反体制观念。

为何这样一部反体制性思想之书能在战国时代诞生并在其后长期被人们传承阅读呢?想理解这一点就有必要了解当时的中国是

怎样的一种状态。

老子诞生的春秋战国时代是大国为领土而相攻的乱世，为那种状态担忧的知识分子们为怎样能结束战争使社会回归安定而频繁论争，并出现了被称为"诸子百家"[1]的许多思想家，其中最有实力的是孔子[2]所创立的儒家。

儒家思想尊重"仁"和"礼""义"等道德，主张通过珍视血亲、主从关系而建立安定社会。关于生活方式，儒家主张通过学习使自己向上，并将之按家、国、天下三个层次推广。

然而，将儒家思想作为基本的社会，是建立在卿、大夫、士的严格阶级制度和士、农、工、商的身份制度等令人窒息的封建制体系之上的，对这种儒家思想高举反对大旗、提出完全相反主张的就是老子。

在司马迁所著《史记》的《老子列传》中有这样一个孔子向老子请教的场景。

有一回孔子到老子的驻地访问并询问"礼"，老子这样回答：

---

1　诸子百家：指春秋、战国时期辈出的很多学者（诸子）和很多的学派（百家）。代表性的学派和学者为儒家（孔子、孟子、荀子）、道家（老子、庄子）、墨家（墨子）、兵家（孙子、吴起）、法家（商鞅、韩非子）、名家（惠施、公孙龙）、阴阳家（邹衍）、纵横家（苏秦、张仪）。也包括其他如农家、杂家。

2　孔子：前552—前479（也有别的说法），儒家创始人，从下级官吏开始，到五十四岁官至宰相代行国政。由于政治的妨害离开鲁国。在巡游诸国之后，晚年回到鲁国，专心整理古代文献和进行弟子教育。孔子去世后，由弟子们编纂的语录称为《论语》（共十卷二十篇）。

"足下询问何为礼，但是制定周礼的圣人已经离世，只留下了作为形骸的文字，古礼在今世已经不起任何作用了。"听了这番话的孔子不仅没有生气，还激动地对弟子们说："老子是一个器量博大、如龙一样的人物！"

《老子列传》里写的这个片段并不是实话，是为了夸赞老子比孔子更加优秀而编造的，但从这条记述中我们可以知晓老子思想是作为与孔子的儒家思想对立的思想而存在的。

《老子》第三十八章中也有能体现出与儒家对抗的意识的文章。

> 故失道而后德，失德而后仁，
> 失仁而后义，失义而后礼。
> 夫礼者，忠信之薄，而乱之首。
> 前识者，道之华，而愚之始。
> 是以大丈夫处其厚，不居其薄。
> 处其实，不居其华。故去彼取此。

儒家将"礼"视为做人最重要的，与其

一旦无为自然之道丧失之后，世间就开始提倡德化，一旦德化丧失之后，世间就开始提倡仁爱，一旦仁爱丧失之后，世间就会提倡社会正义，一旦社会正义丧失之后，世间就会提倡礼仪。

所谓礼仪，就是忠信的薄弱，因此就是混乱之始。所谓的能预见未来的知识对于道而言就是只开花不结果的假花，也是愚昧之始。

正因如此，大丈夫要顺从道而置身于淳朴之地，而不栖身于缺乏诚实的轻薄之地。顺从道而置身于充实之地，而不栖身于华丽的假花之下。因此，要舍弃彼方的礼和先入为主的知识，而取得此方的道。

> 君子易知而难狎。——《荀子·不苟》

第1章　基本理念　027

不同，老子认为最重要的是"道"，人应该回归到与"礼"相对而行的原本处所——"道"，这是对儒家迎头的否定。

儒家的所谓的"礼"是包括王朝礼仪、外交礼仪、婚葬嫁娶、侍奉父母的方式等有着非常细致规定的仪式和形式，无论如何只在心中对父母说"谢谢爸爸、妈妈"也不算作是"礼"。

只有在父母年老之后从早到晚察言观色、奉献饭食、事无巨细地在身边照顾才算是尽孝之礼，这在形式上有细致的规定，比如早晨叫"省"（观瞧脸色）、晚上叫"定"（铺定睡榻）。这在日本演变成盂兰盆节或岁末归乡省亲的热潮，归乡省亲是从距离遥远的地方回到父母处观察他们的脸色并侍奉，而不只是返乡。按规定的形式行动就是"礼"。

老子强烈批评这种只注重形式的"礼"，认为这都是因为从内心感谢的诚实丧失之后，才有这种形式上的"礼"的必要，老子哀叹在世间纷乱、良心忘却之时，为修缮弥补它才有相当于"礼"的儒家思想产生。

进而在第四十八章，老子还否定了儒家思想中"为使自己进步而不断学习"的理想人格：

> 为学日益，为道日损。损之又损，以至于无为。无为而无不为。取天下常以无事。及其有事，不足

研修学问的人每日增长知识，而修道之人每日欲望减少。减少欲望、再减少欲望，直到任何事情都无所作为。在无所作为的同时做所有的事情。要统治天下就要无所作为。总是生事之人，不足以统治天下。

以取天下。

老子主张"没必要钻研学问,尽量减少知识,最好什么都不做",这种思想和儒家正好相反。老子甚至断言"希望国家治理者什么都不做"。老子认为如果国家是由顺道而生的人集合而成,为政者即使什么决策都不做社会也能合理地运行。

然而,由于从不会出现都是由善良人组成的社会,老子的统治理论只是书桌上的空谈而已。但假如我们回顾中国漫长的历史,虽然只是短暂的一个时期,也真正有将老子思想导入政治手段的时代,那是在西汉的初期。

春秋战国时期结束后就进入了秦朝[1]。拥有实现中国统一强大权力的秦王朝在建设万里长城和阿房宫时征集了大量农民并对他们实行严格的思想统治,实施暴政使人民深陷苦难。不久,对之抱强烈不满的人民就举行起义将秦朝推翻,来到了汉朝[2]。

汉朝将秦当作反面教材,采用与先前不同的政策统治国家。这时候流行的就是以老子教义为基调的"黄老思想"。所谓"黄老思想"

---

1 秦朝:前221—前206,中国最初的统一王朝。经过春秋和战国时代整备成军事国家,由秦王政(始皇帝)实现全国统一。十六年后被汉所灭。

2 汉朝:由在秦末动乱中打败楚项羽的刘邦(高祖)开国的统一王朝。中间夹着一段短期的新朝时期,分为西汉(前202—8,都城在长安)和东汉(25—220,都城在洛阳)。

> 君子和而不同,小人同而不和。——《论语·子路》

就是将老子作为集大成者,而老子又将黄帝[1]奉为始祖。在政策上不对人民进行干涉,以农业为中心,将其作为建国之根本。

但是,当社会安定下来之后,仅用黄老思想已经无法维系,就不得不对儒家思想(儒教)进行重新审视。之后,在西汉第七代皇帝武帝[2]时期儒家被认定为国教,在后来两千年漫长的时间中,它被作为主流思想深入渗透到中国人民的生活之中。

那么,老子思想的境遇又如何了呢?其政治色彩逐渐变得淡薄,老子作为人的存在不久被神话,他被安上"太上老君""道德天尊"等尊称,安置到后来诞生的道教的神仙宝座上了。

可是,道家思想自身在之后并没有消灭,它与儒家思想并列成为代表中国的两大思想继续生存。它变成了在各种时代中对王朝权力、官僚体制、封闭的身份秩序等感到烦闷和痛苦的人们(主要是知识阶级)理论上的逃逸场,起着精神依靠的作用。

起先我们说《老子》并不仅是一本"治愈之书",也是为统治者撰写的"权谋术之书",但是随着时代的迁移,《老子》渐渐从"权谋术之书"变成"治愈之书"被世间阅读和传承。

---

[1] 黄帝:《史记》"五帝本纪"中最初被提及的帝王。黄帝虽然被尊为中国文明的创始者和汉民族全体的始祖,但不如说他是为了说明文明和民族起源,与其他四帝一同在战国到汉时期被创造出来的。

[2] 汉武帝:前156—前87,西汉的第七位皇帝(前140—前87在位)。十几岁即位,通过超过五十年的治理构筑了汉王朝最繁盛的时期。确立了中央集权制度,积极对外派兵,统治了远及西域、匈奴、朝鲜的广大领土。

## 小结

- "道"是孕育事物的根源途径和秩序
- 道拥有能在世界各个角落运行的无限大的性质
- 虽然"道"的实体并不存在,其中却确实存在着什么
- 道是本来的、无法用言语表达、没有任何意图的客观实在
- 道就是"无"
- "道"是指存在于天地之前的某种状态,从它之中万物滋生

孙子：不战而胜！

# 战争改变引发出的哲学

兵书[1]《孙子》诞生于距今约两千五百年前的春秋时代的中国。

这时期,战争方式以吴国引发的战争为契机发生了很大变化。之前的战争都发生在能看得清彼此的大平原,两军的战车并列成一大排,等开战信号发出后才开始打仗。兵力从数百到数千最多数万,以贵族为主要构成部分的兵士们保持着一种作战的美学。

但是,到了春秋末期之后,战争变为所谓战争总动员的态势,平民也被动员参战,兵力达数万乃至数十万,战争时间最长的达数十年。战争形态也不限于沿国境线的小规模争夺,而变为直接面向敌国首都、奔驰长达几千里距离、一鼓作气进攻作战。具备机动力的步兵和骑兵取代战车成为军队核心,武器上也开发出来了杀伤力非常大的弓矢——弩。

---

[1] 兵书:在中国古代,指兵书和关于军事学的著作。包括《孙子》《吴子》等。也称作兵法书。

据说春秋及战国时代中国编纂了近二百册兵书，绝大部分都没能流传至今，多因为那些兵书是切合作战现场情况而写的，即将军（指挥官）就某一个特定战斗所采取的具体战术进行解说并介绍参战人物和逸事，它们就单单属于战史和人物传记之类，随着时间的推移其内容逐渐落伍于时代，读来也就索然无味了。

与上述平庸兵书迥异的是《孙子》。首先，它几乎并不推举具体战争事例，也不言及将军姓名、地名等固有名词。被认为是作者的孙武（孙子）本人是侍从吴国阖闾[1]的将军，有过无数次战争体验，他将那些体验一并纳归于己，然后完全消化并提升到思想层面。他并不记录具体经历和战争情报等，而是用凝练的语言述说高度抽象化、规律化后的军事思想，或者说是普遍性的哲学，并从其中产生一种"自由"，即各个时代各类不同读者根据自己的立场和处境对《孙子》思想哲学理解和应用的自由。这也是《孙子》在今天仍被传承阅读，进而在组织论、经营论、领导者论、个人处世法等层面上均获得众多读者的理由。

《孙子》全书由十三篇组成。据说最早有八十篇以上，考虑到被后世人编辑的原因，现在残存的就只有十三篇。

被置于最开头的《计篇》是全书序言，解说了对战争的基本考虑和开战前准备的重要性。接下来是《作战篇》《谋攻篇》《形篇》

---

[1] 阖闾：？—前496，也被称作"阖庐"。春秋时代吴国的第六位王，春秋五霸之一。起用孙武并采用其兵法，破楚国。之后败于越王句践（也称勾践），委托其子夫差复仇后死去。

《势篇》《虚实篇》《军争篇》《九变篇》《行军篇》《地形篇》《九地篇》《火攻篇》，被放置于最后的是说明战争中间谍重要性的《用间篇》。

说到十三篇的构成有许多关于顺序的说法，至于这种顺序究竟有没有意义我们其实并不知道，但是，凡是战争不就都会按照这些顺序进行的吗，比如，开始军事行动、奔赴战场、战斗开始等。最后是与间谍有关的一篇，这是其最大的特征。

这在今天已经成为常识，但在当时强调战争中情报的重要性，这一点是划时代性的。在其之前的战争中，人们与其煞费苦心进行事前的情报收集，不如索性去战场上争斗。但孙子却着重强调情报才是决定胜负的关键，胜败的八成取决于情报收集和分析。

如今间谍甚至军事卫星都理所当然地被用于收集敌国的情报，但在当时将战争和情报结合到一起是极其新奇的想法。

下面也简单介绍一下除开头的《计篇》和结尾的《用间篇》之外的篇章内容。

第二篇《作战篇》讲谨慎开战和迅速结束战争的重要性，第三篇《谋攻篇》讲为不消耗战斗力，要讲究攻击的谋略，这是道出《孙子兵法》真髓的一篇。

第四篇《形篇》和第五篇《势篇》被认为是布局得最整齐的两篇，《形篇》讲为取得必胜结果军队所需采取的形态，《势篇》讨论军队作为集团的能量。第六篇《虚实篇》讨论军队形态的空虚和充实，主张避开敌人充实之地（实），攻击其薄弱之处（虚）。

感慨杀身者易，从容就义者难。——《近思录·卷十》

第 1 章　基本理念　037

第七篇是《军争篇》，讲先发制人、获取有利态势。第八篇《九变篇》讲如何根据战斗局面采取灵活变化，即不能针对一种现象持固定想法，要灵活地应对；此处的"九"并不是说一个具体数字，而是"无穷尽""各种各样"的意思。

第九篇《行军篇》终于开始讨论军队行动时的注意事项了，与其有关的是第十篇《地形篇》，讲行军时需要注意的地形。第十一篇《九地篇》讲战斗进行时候的地点，具体就是地势。第十二篇是有些特殊的《火攻篇》，火攻和水攻是当时作战使用的特殊战术，这篇专门讨论火攻。

关于第十二篇的《火攻篇》和第十三篇的《用间篇》的排序 21 世纪有了新的发现，这在以后详述。

## 一家一册的"畅销书"

《孙子》采用所谓的"问答体"书就——"孙子曰"在各章开头都有，是作为兵法家的孙子回答君主的提问或是将自己的意见上奏的这样一种体裁。

在当时的读物中还不存在作者将自己的论文、评论直接写下来的形式，几乎都是由对话或者问答体构成的。孔子的《论语》也是那种风格。中国在数百年过后才出现作者直接写下自己主张的形式的读物。

《孙子》被誉为中国最古老也是世界最古老的兵书。从成书当时起它就一直是"畅销书"。司马迁的《史记》中记载说孙子的书每家一册，这或许有些夸张，但也能想见《孙子》是多么地受追捧。

《孙子》的读者并不限于识文断字的知识阶层。《孙子》被如此广泛阅读的背景与当时是战乱的世道有关，不仅是作为领袖的国君，就连一般平民百姓也处在不得不考虑在大动乱期间如何才能苟且偷生、如何才能在作战中取胜和保命的境地，对这些人来说，传授这些方法的《孙子》是一本最佳入门书。

# 出土竹简中的新发现

从两千五百年前就被广泛阅读的《孙子》，最初原书上只写了"孙子"二字，作者究竟是谁并不清楚。它的作者有两位候选人，一位就是春秋时代的孙武，另一位就是大约百年之后战国时期的孙膑[1]。二人都被称为"孙子（孙先生）"，都是"孙"姓军师家族系列中的人物。但是，"孙子"有两位，而流传的兵书却只有一部，《孙子兵法》究竟是哪位写的长久以来始终是个巨大谜团。

一件事情的出现终于结束了上述状况：1972年，从中国山东省银雀山古墓中出土了两种书写在竹简上的兵书。一种是《孙子》，是和春秋时代孙武相应的竹简；另一种书写的是其他内容，是和战国时代孙膑相应的竹简。这样谜底就终于揭开了：到目前为止，我们阅读的十三篇《孙子》是春秋时代孙武撰写的，而新发现的

---

1 孙膑：生卒年不详，战国时代齐国田忌的军师，孙武之孙。年轻的时候因无实之罪而受到斩足之刑。在桂陵之战和马陵之战等战役中，发挥出不逊色于孙武的策士风采。孙膑的兵书被称为《孙膑兵法》，而与《孙子兵法》有所区别。

另外一种兵书是孙膑撰写的。这个重大发现让重新研究《孙子》的机运获得提高。

关于竹简或许很多人不太熟知。所谓"竹简"就是为了书写读物而使用的细长竹片，一条上写一行字，然后用细绳连缀起来，像竹席那样卷好后保存和携带。因文章长短不同竹片的数目也不一样，有些像现代使用的活页。

直到汉代纸张被发明之前，这种竹简都是代表性的文书形态。日本通过遣隋使和遣唐使与中国开始交流的时候，中国已经进入纸张时代了，所以这种竹简文化并没有进入过日本。

从出土竹简中我们能知晓的事实之一是现在《孙子》十三篇的顺序和原本的不一样。银雀山出土的竹简上第十二篇是《用间篇》，最后的第十三篇才是《火攻篇》，就是说第十二篇和第十三篇的位置是相反的。

按出土竹简的排序阅读的话，我们就会感觉到的确《火攻篇》的最后部分不仅和开头的《计篇》是呼应的，而且很适于用作全文的总结性篇目。人们大多会觉得《火攻篇》作为最后一篇更具可能性，但不知是在哪个历史时间点上，将《用间篇》放置于最后的文本登场并固定了下来，或许这是出于强调情报重要性的考虑。由于现在流行的文本一律将《用间篇》放在最后，所以推测它与《火攻篇》位置的替换应该发生于相当早的阶段。

近些年被发现的竹简告诉我们这种文本的变迁，也是一桩非常有趣的事。

# 什么是战争？

那么，《孙子》具体有怎样的思想呢？我们一边引用原文一边看吧。

《孙子》开宗明义：

> 孙子曰，兵者国之大事。死生之地，存亡之道，不可不察也。（第一篇《计篇》）

> 孙子说，战争是国家的一件大事。是决定人生死的分界点，是左右国家存亡之途径，因此一定要深刻洞察。

尽管在今天被视为理所当然，但"战争乃国家重大事件"这种宣言实际上始于《孙子》。

就像先前介绍的那样，产生这种认识的背景是战争的形态发生了变化：战争已经

> 莲生淤泥中，不与泥同调。——北宋·黄庭坚《赣上食莲有感》

不是贵族们伴随着美学色彩的游戏,战争被巨大化以致其胜负本身关系到国家的存亡。这种战争会产生莫大的战争费用,而且一旦开始,国家和人民都在物质和心灵两方面受到消耗,因此《孙子》在此说战争基本上是得不偿失的事情。

尽管《孙子》是部兵书,却绝不劝诱战争,不主张任何事情都用取胜作为目标;恰恰相反,《孙子》主张如有可能尽量不要发起战争。这是贯穿《孙子》全书的战争观。

还有,在不得不发起战争的时候,《孙子》也倡导在短期内将之结束。

> 孙子曰,凡用兵之法,驰车千驷,革车千乘,带甲十万,千里馈粮,则内外之费,宾客之用,胶漆之材,车甲之奉,日费千金,然后十万之师举矣。(第二篇《作战篇》)

孙子说,但凡动用军队出兵的方法,都是战车千台,辎重车千台,武装士兵十万那么大的规模,还要向千里之外的战场输送粮食,这时候国内外的花费,招待外国使节的费用,胶和漆等武装用具的材料,战车和甲胄的供给等,都一日千金地耗费,在这之后才能调动十万军队。

我们不知道"千金"换算成今天的黄金究竟是多少,但毕竟需要耗用庞大的费用才终于能把十万军队动员起来，因此战争一旦开始就会对国家经济发生重大的打击。孙子说：

> 故兵闻拙速，未睹巧之久也。
> （第二篇《作战篇》）

> 在战争中尽管有些拙劣也应尽早结束，而不是磨蹭着来取巧。

"拙速"这个词语现代通常理解为"尽管速度快却完成得粗鄙"，并不是什么太好的意思。《孙子》的本意则不一样，它意为即使收场水平不算太高，战争还是越早结束越好。战争拖得越久士兵士气就越衰落，对国家的经济打击也就越发增大。只有速胜才最理想，长期性战争是最不情愿的状态。

就这样，《孙子》主张"尽量避免军事冲突"和"不战而胜为最佳"。

远水不救近火。——《韩非子·说林上》

## 战前先给战斗力打分

不战而胜。为达到这个目的最重要的是不轻易发动战争。那么,怎样才能做到慎重开战呢?

关于这一点,《孙子》强调了在"庙算"时分析的重要性。"庙算"是指"御前会议":国家首脑在供奉着历代君王灵位的被称为"庙"的建筑物中召集会议,并在那个场合将"五事七计"即最重要的五个事项以及更具体的七个指标进行分析,将敌方和我方战斗力上的差别数量化。

> 故经之以五事,校之以计,而索其情。一曰道,二曰天,三曰地,

因此,好好检查五件事情,用(七个)计谋比较分析,求得敌我实情。做军事检查的最重要指标"五事"就是:"道""天""地""将""法"。

四曰将，五曰法。（第一篇《计篇》）

"道"是指能将人民的情绪和为政者统一的正确的政治形态。如果这个能够实现，那么人民和为政者在战争中就可以同仇敌忾地作战。"天"是指明和暗、热和寒等自然条件，"地"是指和战场有关的地理，"将"是指统辖军队的将军的能力，"法"是指军队的指挥系统和赏罚等各种管理军队的规则。

接下来是"七计"的内容：

曰，主孰有道，将孰有能，天地孰得，法令孰行，兵众孰强，士卒孰练，赏罚孰明。吾以此知胜负矣。（第一篇《计篇》）

《孙子》主张先就以上这些事项将敌我两军情况逐一进行对比，并认为得分多的一方将获胜。

此时最不应该做的是掺杂主观臆断，以及将先入为主的预判带入进来。在客观地

其次，作为更具体的比较指标列举的是"七计"。敌方和我方的君主哪方更优秀，哪方的将军更有才能，天时地利的自然条件哪方更有利，法令哪方更严整地执行，兵众即军队哪方更强大，每个士兵哪方更熟练，对应军功的赏罚哪方更明确。我就是根据这些，在实际战斗没进行之前就能知道胜败。

国虽大，好战必亡；天下虽平，忘战必危。
——《司马法》

第1章　基本理念　047

将得分进行比较的时候，绝不能说"不过，可能会刮起神风吧""最后，就用气力来弥补吧"那样的话。

日本在发动太平洋战争的时候，据说也对本国和美国的军事力量和经济进行了事前的比较和探讨，得出的结果是美方力量数十倍于日本，就是说在事前分析阶段结局差不多已经呈现在眼前了，但是日本还是下决心开战。

从这个意义来看孙子才是彻底的合理主义者。在当时的战争中，通常战前会进行关于胜败的占卜。孙子摒除了占卜的行为，并在各个方面运用客观指标进行胜败分析，正因如此，在作战之前胜败就能自然地明了。

"五事七计"不仅能用于军事，可以说对于现代所有的组织活动都是重要的判断方法。

## 我军和敌军都能保全的胜利

虽然说不战而胜最好，但有时也迫不得已地进入战斗，在那种情况下怎样得胜才是最理想的呢？

《孙子》中有这样的话：

> 孙子曰，凡用兵之法，全国为上，破国次之。全军为上，破军次之。（第三篇《谋攻篇》）

孙子说，凡是用兵法则都是以保全敌国取得胜利为最上策略，以击破敌国获胜为次等的策略。以全部收降敌方军队为最上策略，以击溃敌方军队为次等策略。

即便好不容易获胜了，如果敌国成了破灭状态或者因为进行了激烈战斗，敌我两军都筋疲力尽得倒下无法起来，那种状态就失去了胜利的意义。假如敌国被彻底破坏了，即使将该国收编进本国领土也不是有用之物。人没了，街道也没了，取胜还有什么意思呢？孙子这样主张。

将敌国的政治、经济、文化及人民原封不动地纳入手中才是真正的胜利之道，这正与将"不战而胜"视为最高境界的孙子的合理主义相契合。

而后，同样在《谋攻篇》中孙子这样说：

> 故上兵伐谋，其次伐交，其次伐兵，其下攻城。

> 因此，作战最上等的方式是看破敌方谋略而在其未然时将其打破，其次是将敌国和同盟国的外交关系割断，再其次是击破敌国军队，最低下和拙劣的是攻击敌人的城池。

最上乘的胜利方法是运用间谍的计策或者使用谋略取胜，这也正是"不战而胜"的最高境界。第二等的胜利方法，是用面对面的外交交涉结束纠纷，这也不用动用武力。终于到了第三等的方法——也是迫不得已的选择，才是用兵力交战。而最拙劣的打仗方法就是将对手困于城中攻城。

中国古代的城池都是所谓"内城外郭"，即在四方形城墙中包含有都市和乡村，是"要塞都市"。"其下攻城"的"城"就是指这种要塞都市。在城中敌兵困守且有丰富的物质和粮食，为了攻破它必须从四面八方进攻。有时对方的援军会从城外杀来，就有被夹击的危险。因此攻城的话就会伴随着非常大的困难。

《孙子》在其他地方还说，如果没有十倍于敌的兵力就绝不要攻城。总之，最佳的胜利还是不使用兵力、不战而得到胜利。

# 只有事先充足的准备才是胜利的保证

《孙子兵法》的真谛还是"不战",在《谋攻篇》中对此有简直是宣言性的表达:

> 是故百战百胜,非善之善者也。
> 不战而屈人之兵,善之善者也。

> 正因如此,百战而百胜并不是最好的方针策略。不进行战斗而让敌人的兵力屈服,才是最好的方针策略。

乍一看,这句话像是说打一百次战争胜利一百次最好,但实际上孙子说的是那样不是最佳的,因为只要是作战就一定会消耗金钱和战斗力,如果因为追求胜利使国家陷入穷困,那就本末倒置了。因此,最佳的胜利方法不是用作战取胜,而是不战而让对手的兵力屈服。

还有，一些平庸的将领贸然地发动战争，想着无论如何先取得一部分胜利再说，《孙子》认为那绝对不可。书中说：

> 是故胜兵先胜而后求战，败兵先战而后求胜。（第四篇《形篇》）

> 胜利的军队首先在开战前筹算阶段就取胜了，在此基础之上再进行实际的战争而取胜。败北的军队不做认真的事前计划，抱着先打打试试的心态发起战争，再试图得胜。

这对于生活在现代社会的我们来说，不也是能作为原则原封不动地借鉴吗？无论做什么事情都抱着"不管怎样先做了再说"的心态，那种没准备好就仓促上阵的行为十分不利。

一定要在事前计划的阶段就做到有八成把握的状态，即使是那样，实际开始实施之后也会发生各种不确定的麻烦，更何况那些计划全无或者在做计划阶段压根儿就没有胜算的情况，从开始就不该开战。

# 不战而胜思想的多种运用方式

不战而胜，这是《孙子兵法》思想的基调。然而，不能说思想就一定能如实反映现实，这里写到的"不战而胜"的战争是否实际可行还不一定。

恐怕作者孙武（孙子）实际体验的战争是非常惨烈的战斗，可能正因如此，他才写下了绝对不要那样做的理想；或许是因为经历了悲惨的战争，为了避免才推崇不使用武力而依靠谋略的方法。《孙子》应该就是对残酷战争的现实反思的结晶。

这关系到在实际中《孙子》是如何被阅读阐释的。《孙子》虽说被广泛阅读，但后世的将军和军师们不一定非要精读这部书才能进行战争。优秀的将军即使不读《孙子》这样的"指导书"，也能制定出好的战略，也有的虽未读过《孙子》，但在结果上已经实践了《孙子》的兵法。

《孙子》的阅读者并不都是和实际战争发生关联的从军人员，

绝大多数是与战争无关的人们抱着如何才能打赢人生之战的目的和意识去阅读的。

## 小结：什么是战争？

- 战争是国家的一件大事
- 一旦开始就将对国家经济产生深刻打击
- 因此，战争应尽早收场
- 更好的做法是尽量避免军事冲突
- 应用"五事七计"图谋胜算，事前预知胜败
- 理想的取胜方法是通过间谍活动和谋略取胜
- 不进行战斗而让敌方屈服是最妥善的方针策略

## 隔空对谈 老子✕孙子

# 老子之『道』、孙子之『道』

# 三个同时代人

**孙子：** 我们俩是同时代人啊！但是，您知道对您是否是个实际存在的人有质疑声音吗？

**老子：** 确实是呀，是有人那么说。关于我的身份似乎在我死后数百年的司马迁那时候（西汉时代）就已经不太清楚了，反正是说我因为厌倦了周之乱世、出函谷关奔西方而去再也没有返回（《史记》）。因为那时候的事谁也不太知道。但是，在祭祀我的安徽省涡阳天静宫中有表示，我生于公元前 571 年、卒于公元前 470 年前后，在此就权且那么设定吧。

关于你的生平不也有很多搞不清楚的事吗？就连明确的生卒年也不知道。你作为将军侍奉过吴王阖闾（？—前 496）、夫差（？—前 473）两代君王，这么看来你应该比我的年龄稍小，不过，这是在假如我的生卒年是正确的情况下。

**孙子**：1972年，从山东省的银雀山汉墓中发现了记录《孙子》的竹简，这使《孙子》作者就是我孙武变得确凿明朗，而且《孙膑兵法》中关于"孙氏之道"的记载也证明春秋战国时代确实存在"孙氏"学派。这关系着我的名誉，所以这个发现对我来说非常重要。正因如此，今天在我的故乡山东省（当时的齐国）我被作为兵法之神备受推崇，有地方试图通过制造我的巨大雕像而振兴城市。

**老子**：我也一样。河南省的鹿邑和安徽省的涡阳这两个只相隔八十公里的城市，都各自号称是我的出生地，企图用这个来提升城市声誉。特别是河南省鹿邑的老子像可不得了呀，那是座二十七米高的巨大雕像！日本奈良的大佛是十五米，那老子像就好像那座大佛站立起来那么大。

**孙子**：如此说来在我们生活的时候，儒家的孔子（前552—前479）也在世呀，听说您和他见过面，是真的吗？

**老子**：根据《史记》的记载，孔子曾来到周的都城（洛阳）拜访我，但我的记忆是暧昧模糊的，那件事可能有，也可能没有。

# 什么是「道」？

**孙子**：您被誉为道家思想和道教的鼻祖，我就直截了当地问吧，那个"道"究竟是什么？

**老子**：很难说明。或者它可以说是宇宙的根源和世界的理想。由于它既无形态也无名称，不想用语言来表达它，所以我用了一个例子，说"水"和"赤子"等的存在状态与道相近。比如，赤子没有作为，既不刻意摆出绝不让毒虫螫咬的姿势，也没显得惧怕猛兽和猛禽，但正因如此才避免被害。也就是说，由于没有不必要的防御被害之事的意图，所以就不会被害。然而赤子却紧握手心，保持着朴素和切实的能量，我想这种样态和"道"很相近。

**孙子**：原来如此。实际上我也在讲"道"。在发起战争之前要用"五事"作为指标将对手和自己相比较，第一个就是"道"。

然而这不是您所说的深远的道，我的"道"意指为政者和人民之间是否筑起了正确的信任关系，是在"政道"的意思上使用的。在军事战争这种血腥的现实面前，我认为用您所言的"道"难以应对，这一点是我们不同的地方。

# 老子的兵法

**老子：**《老子》在后世乃至今天都被视为某种"治愈之书"，然而本来它可是部具有权谋术数元素的书呀！比如，"无为而无所不为"（《老子·第四十八章》），这一方面不是和兵法也相通吗？现在我对在兵法方面也能持一家之言而感到自豪。

**孙子：**哎？您也言及兵法吗？

**老子：**的确是。比如您知道我说过这样的话吗？"兵者不祥之器，非君子之器，不得已而用之，恬淡为上。"（《老子·第三十一章》）还有，"善为士者，不武；善战者，不怒"。（《老子·第六十八章》）

**孙子：**原来如此。我们还真有共同点啊！我也说"兵者诡道也"

(《孙子·计篇》），即"战争的本质是欺骗对手"，其意思是战争是不得已的行为。

**老子：** 后世学者们坚信倡导"无为"的我的思想中绝不可能有兵法内涵，还说流传至今的《老子》文本中的兵法内涵是后世附加上去的，这种说法十分荒唐。现在，在2012年出版的北京大学所藏西汉竹简《老子》中，那种内涵不是被确凿地记录了吗？

**孙子：** 倡导无为自然是您的思想，而讲人为的极致——战争的是我的兵法。虽然乍一看完全相悖，却在最根基处似乎有一脉相通之处。

# 第 2 章 生存哲学

老子：上善若水 ———— 蜂屋邦夫

孙子：水是最理想的形态 ———— 汤浅邦弘

隔空对谈・老子 × 孙子：水使人变成哲学家

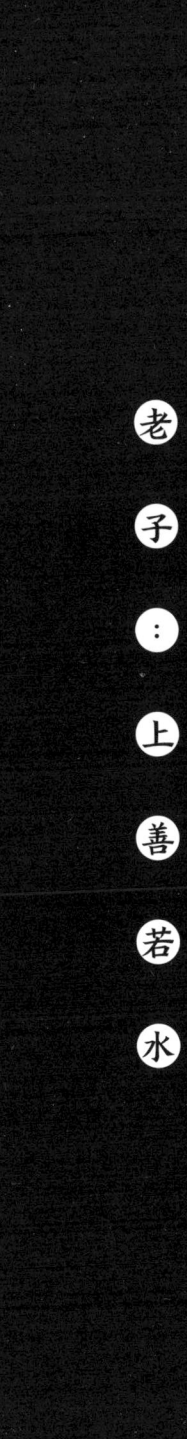

老子：上善若水

# "无为自然"的概念

老子还有一个和第1章所说的"道"并列的十分重要的思想，就是"无为自然"。那是万物顺"道"而生的一种状态。在前面的一章里，我们讲了所谓"自然"就是指"自己所然"、不受其他一切影响、从远古就是自体本然的样子，那么，"无为"就是"什么作为也不做"的意思了。"无为自然"这个词语本来并不是老子创造的，但"无为自然"却是能将"无为"和"自然"并列、能最好地表现老子思想特色的概念。

在《老子》中"无为"这个语汇频繁登场。我们从第三十七章看"无为"和"道"的关系吧。

道常无为，而无不为。

> 道总是什么都不作为，却做所有的事情。

第2章 生存哲学　069

"无为而无所不为"仿佛是猜谜语，让我们更详细地说明一下吧。

"无为"这个词语通常被当作"什么都不做"的意义来使用，例如"无为无策""庸碌过日子"等。《老子》中的"无为"却是"无意图、无作为的状态"的意思，这并不是说什么都不做，而应领会为不做任何有作为的事情。

那么，什么才是"尽管不做任何有作为的事情，却做所有的事情"的状态呢？我们不妨考虑下天地的例子：虽说天和地本来没有任何意图，常处于"无为"的状态，但即使无为，它们的运动却恒常贯彻于这个世界的全体，比如季节循环，比如太阳普照大地，乌云降雨，大地上面的植物和昆虫等动物都受它们的恩惠而孕育，这就是"即使不刻意考虑做些什么，天地却无所不为"。

这样考虑的话，《老子》所言的"无为"是将意图、意思、主观等所有都舍弃掉，将全身心托付给"道"（天地自然之动向）而生，老子将这种"无为自然"视为理想的生存状态。

然而，通常我们很容易理解为了追求理想人要多少做些努力，但假如将"无为自然"作为理想之姿态，那么我们真的什么都不需要做了吗？如何做到无为的方法在第四十八章有所说明，就是在本书第 1 章中介绍过的那段文言文，让我们再看一遍：

> 为学日益，为道日损。损之又损，以至于无为。无为而无不为。

> 研修学问的人每一天都增长各种知识，修道的人每一天都减灭各种欲望。欲望减灭、再减灭，直到不作为任何事情。虽然不做任何事情，却做了所有事情。

就这样，老子说："为了无为不应该学习。"通常，我们认为掌握知识和技能会帮助人向上，很多人正因为想要"从老子思想中获得生活的启发"才读这本书，而老子却断言"不应该增加知识"。

第二句"为道日损"被我释意为"修行道的人各种欲望逐日减退"，这里的"欲望"可理解为"多余的欲望"。减少或应该被减少的不仅是欲望，还有我们生命过程中附着在身上的所有"附着物"。

随着成长，人们会将各种各样的欲望和知识增添到身上，老子认为这些都不是人类活动的必要动力，而将其视为多余的附着物。

想成就什么的成功欲、被别人认可的表现欲、对他人心怀的嫉妒心、为战胜竞争对手而准备的谋略和知识……正因为有了知识才产生作恶的欲念，正因为冥思苦想才烦恼平添。在第二十章里也说"绝学无

小人之过也必文。——《论语·子张》

忧",总之,老子认为"学"是徒劳和没必要的。

老子认为一旦人将附加到身上的多余的东西剥落掉,就能返回到赤子那样纯粹和朴素的自己,而刚出生时候的那种全新状态才是人类本来应有的理想样态。只有把催生自己意图和主观判断的外物都丢掉才能还原本来的自己,这个"自己"的本来面目和天地的运行相符。

舍弃、再舍弃,在彻底放下之处,与"道"相通的理想世界逐渐展开——这对于生活于现代的我们来说存有多么深奥的含义。我们原本认为是好的而去掌握的东西,原来是多余的外物——用老子的眼光自我观照审视,那些该舍弃的东西就会逐渐显形。最近很多人接受将没用的笔记本等多余的物质丢掉而过上简单的生活,不就是因为人们开始感觉到要想去除心灵上的污垢,就一定要从扔掉那些外物开始吗?

# 有所作为
# 则天下不治

不仅对个人，对国家的统治者老子也劝诱他们应该总是摆出无为的姿态。

第二十九章里有这样的话：

> 天下神器，不可为也，为者败之，执者失之。

> 天下是神圣之器，不可做刻意为之的事情。如果刻意为之会将其破坏，想获得它也必将失去。

虽说老子主张对人民实行有作为的统治会失去民心，统治者最好什么都不做，但这种理论是建立在所有民众都像赤子一样纯粹和朴实的前提上的。尽管老子心中的理想社会颇像远离现实的乌托邦，但假如与先前所说的"最好不要增加知识"合起来解读的话，就会发现老子多少有些推崇"愚民政策"的意味。愚民政策是将人民的关注点不向政治方向引导，并有意图地将民众愚昧化的政策。老子思想中一边大谈"无为自然"，另一边却能从中窥到愚民的企图，比如第三章中有这样的话：

> 不尚贤，使民不争。不贵难得之货，使民不为盗。不见可欲，使民心不乱。是以圣人之治，虚其心，实其腹。弱其志，强其骨。常使民无知无欲，使夫知者不敢为也。为无为，则无不治。

读了这段之后，肯定会有人失望地想："原来以为老子是位怀抱圣人的清廉洁白之心的人，怎么一下印象迥异呀！"他前面说过"君主要无为"，另一面却在言及有为之事。

"为了更好治理民众就应该这样诱导"——这显然不是无为，因为在此处存在着明显的意图和作为。第三章就不是在

---

人君如果不尊重有才能的人，则人民就不会争斗。人君如果不看重珍奇的财宝，则人民就不会偷盗。人君如果不持有很多的欲望，则人民就不会心乱。因此圣人的政治就是让心灵单纯，让腹中充实。让志向减弱，让筋骨健强。将人民置于无知无欲的状态，让那些贤达的人不敢行动。用无为处理事物，就不会有不能治理的事情。

人生大病只是一傲字。——《传习录》下·一三九

说"君主应该无为",而变成"为了治理民众,要摆出无为的样子"的意思了。实际上,在《老子》一书中散见着这种传授权谋术数的富于野心的记述。

# 向水学习柔弱的生存方式

让我们将话题重新回到无为，更具体地看一下无为的状态。

能够表现理想无为状态的词语是"柔弱"，《老子》将"水"作为柔和且柔软状态，即"柔弱"的象征而推举了出来。

《老子》极其尊重水的存在。农业社会中水的重要性毋庸多说，可以说将水的性质和人的生存方式联系起来是《老子》的特征。

关于水最有名的句子在第八章：

> 上善若水。水善利万物而不争，处众人之所恶，故几于道。

> 最上乘的善是像水一样的。水虽然布施恩惠于所有物质却不争先，而且身处于谁都厌恶的低洼处。因此和道相近。

这是非常易懂的譬喻。水将各种利益给予我们，比如施恩惠于大地、养育作物、湿润人类的喉咙。我们再将目光移向流动于大川之中的水，会看到水柔和地改变着方向、回避岩石而奔流，而最终，水安居于人们厌恶的低洼场所（污浊的地方或者泥泞湿地），将水这种样态比喻成人，就是不好争斗且谦虚善良的圣人的身姿。

孔子的儒家思想也说"要向水学习"[1]，但老子和孔子在河流的譬喻方法上有所不同。儒家从河川流动的浩浩荡荡无穷尽隐喻出水（河川）是不懈努力的象征，将不停流淌跃动的样子比喻为勤劳的人的姿态；而《老子》呢，如第八章所言，将水比喻为"不与任何事物抗争而生活的人"。

现实中我们一想到主动避免冲突和争斗、驻留在低处的生活方式，脑中就会浮现那些与其说是谦虚不如说是卑微怯弱的人物。然而《老子》坚信水中隐藏着最大的力量，第四十三章中有这样的话：

---

1 "要向水（川）学习"：《论语·子罕》篇的"子在川上曰：逝者如斯夫，不舍昼夜"一章，南宋（12世纪）信奉儒家的朱子的注释是："逝去的事情不就像这川流的模样吗？无论是白昼还是夜晚都不休息。"意思是说应该向水学习，坚持不懈地努力，并确立做人的根本。

第 2 章　生存哲学　　077

> 水，天下之至柔，驰骋天下之至坚。无有入无间。

如果将"天下至柔"（世间最柔软的）与"水"等而言之，那么就会变成这样：

柔和且文弱的水有时能驱动金属或者岩石那样的最坚固而沉重的东西，而且水能把姿态改变成任何形状，渗入任何狭小的缝隙——平日平稳的河川一遇到大雨就会猛涨变成湍流，移动沉重的岩石，最终能将山体劈削，改变地形地貌。还有，现代人甚至可以用高压喷射的水喷嘴来切断金属。

水放进四方的容器中就呈现四方形，放进圆的容器里就变为圆形，因此在古代中国水是柔软之物的代表。正因为《老子》懂得至柔的水中潜在着巨大的力量，才说"上善若水"。

《老子》不仅让水的这种性质和人的理想姿态重合，甚至还向我们展示只有水才是"道"应该呈现的本来姿态。让我们看第四十三章的后面部分吧。

---

水是世上最柔弱的东西，却能撼动世上最坚固的东西。无形却能够嵌入无缝隙的东西。

---

太山之高，非一石也，累卑然后高。——《晏子春秋·内篇谏下》

> 吾是以知无为之有益。不言之
> 教，无为之益，天下希及之。

虽然水的流动不带任何意图，但只要它顺应本性就能使我们受益，而这正是"道"的模样。进而，水并不因为将益处给予他人而自满、声张。正是这种无为且无言而成事的行为，才是世间最美好的。

老子说应该将水的这种样态借鉴到政治和战争中去。那是在第七十八章。

> 天下莫柔弱于水，而攻坚强者
> 莫之能胜，其无以易之。
> 弱之胜强，柔之胜刚，天下莫
> 不知，莫能行。

这就是最终变为成语"以柔克刚"的原话。水表面看上去似乎柔软、柔弱，却拥有着能将沉重而坚固的东西撼动之力，而且水受击打却不破损，遭穿刺而不受伤，蒙斩杀却不断裂，被燃烧而不起火的诸种特质，以及流淌的大川无论怎样弯曲都不

---

我从这件事知道无为是有益的。世上没有能与不依言语的教诲和无为的益处相匹敌的东西。

世间没有比水更柔软和富有弹性的了，然而在攻坚克强方面又没有能胜过水的，这是因为没有什么能改变水本来的性质。
弱者能战胜强者，柔者能战胜刚者。这道理世间谁都知道，然而能将其践行的人却没有。

---

人无远虑必有近忧。——《论语·卫灵公》

第 2 章　生存哲学　079

能阻止其向前流动的特性，都是绝不会被改变的。《老子》慨叹，尽管"水的样态"应该被运用到战术和战争之中，却无人将其付诸实践。可以说这段言论是《老子》独创的人生观和政治观的浓缩。

第七十八章是这样做结论的：

> 是以圣人云，受国之垢，是谓社稷主。受国之不祥，是谓天下王。正言若反。

> 因此圣人说，能将国中的污浊引到自身的，那就是国家的君主。能将国中的灾祸引到自身的，那就可被称作天下的王者。正确的语言道理往往和常识相反。

在这里，《老子》用水流到低处、在人们不喜欢的场所驻留这种特性，说明真正的国君也不应该居于人上，住在安全而豪华的宫殿里过奢侈的生活，而是应该深入到民间感受底层民众的疾苦。

最后的"正言若反"是说真正正确的事情在世俗常识中好像是不合理的。在人世间，刚比柔强、统治者站在高处俯视民众才是常理，但《老子》告诫说实情并不是那样。

# 与世俗知识相反的真理

《老子》第七十八章说立于人之上的人应该积极地到低下之处，这从正面把握则是"不敢于将身子置于低处就不可能了解世间的现状；要想理解民意，即便是君主也应该置身于低下场所，从那里观察世间的一切"。

另外一种解释也是可能的："置身于对谁都不妨碍、不显眼的场所就不会和民众或他国发生冲突，就不会产生纷争。"还可理解为"冒出头的桩子最容易被击打，即使是统治者也要悄无声息地保持谦逊，尽量不招人眼目地生活"，即采取卑下的姿态。

由于在《老子》中常见劝导人们持保守姿态的话，比如"这样做就安全""这样做就能免于卷入麻烦"等，因此后两种解释可能是符合老子本意的。儒家的荀子[1]批评老子这种姿态"屈从而不

---

[1] 荀子：战国末期的思想家，生卒年不详。尽管同属儒家，却和孟子的思想截然对立。比如针对孟子的"性善说"，荀子相应地提出人类本性是恶的"性恶说"。所以要用"礼、德、法"进行教化和引导。

舒畅",提倡谦逊的《老子》的卑下姿态的确给人一种屈从的印象。

但考虑到《老子》思想是超越世间常识的独创思想,可以将其推崇卑下姿态理解为"不要对自己的能力过于自信"这样的敬告。

在第二十四章中有这样的文言:

> 企者不立,跨者不行。自见者不明,自是者不彰。自伐者无功,自矜者不长。

开头的"企"(用脚尖站立)和"跨"(用大腿走路)是两种表演得超出自己实际能力的行为,《老子》在告诫人们"不要放大自己给别人看,不要因为是自己的观点就认为正确,不要认为自己了不起而自我夸赞"。将这段话反过来说,第二十二章中又这么说:

> 不自见,故明。不自是,故彰。不自伐,故有功。不自矜,故长。

---

用脚尖站立的人不能一直站立,用大步走路的人不能远行。自我认为有见识的人看不清事理,自我认为正确的人不可能彰显是非。自我夸赞有功的人没有功劳,自我夸赞有才能知识的人不可能长久。

正因为不自以为有见识,才能看清事理。正因为不自以为正确,才能彰显是非。正因为不自我夸赞有功,才能保持功绩。正因为不自己夸赞有才能知识,才能够长久。

人之患,在好为人师。——《孟子·离娄(上)》

这看上去似乎是教给君主保持地位的各种巧妙手段，也可理解为老子认识到拥有绝对权力者处境十分危险而给出的告诫。同时，它还包含着与现代人认为自己主张最为重要、只有进取的生活方式才有意义的想法相反的观念。

以上所举的这些——比如最好不掌握知识、只有柔软的东西才强硬、君主应居于低下处等，这些看上去"与常识相反"的真理是《老子》思想的最大特征。

## 强者不争

我们从《老子》思想的主干"无为自然"讨论到像水一样的状态。假如在世的人都如水一样不抗拒任何事物而且都善良谦虚的话，那么肯定会是不争的社会。

老子将水的姿态作为榜样，展开了其最终的不战思想的主张，首先是在第六十八章：

> 善为士者不武，善战者不怒，善胜敌者不与，善用人者为之下。是谓不争之德，是谓用人之力，是谓配天，古之极。

优良的武将不会很凶猛，优秀的战士也不会随意发怒，能巧妙战胜敌人的人不会和敌人正面冲突，能善用人者会甘居其下。这就是不争的德行，这就是会使用人的能力，这就是能与天匹敌，是从古而来的最高的道理。

此处如实反映了水之状态，指出真正的强者不凶猛、不恼怒、不争执、甘居人下，能发出妥善指示且并不老实降服，而是拥有"不争之德"——能不争斗而取胜，这也符合天理。

《老子》强烈否定采用武力的争斗，请看第三十章：

> 以道佐人主者，不以兵强天下，其事好还。师之所处，荆棘生焉。大军之后，必有凶年。

顺应道辅佐君主的人不会用武力向天下示强，如果用武力示强，马上会被报复。军队驻屯的地方会滋生荆棘，大战之后必然会有凶年。

这里说使用武力作战一无是处、用武力压制敌人的结局无非是遭到报复，还有战场上土地荒芜和农业衰退。阅读这部分似乎看到《老子》完全否定战争和武力，其实并不是那样。让我们继续阅读第三十章：

> 善者果而已，不以取强。果而勿矜，果而勿伐，果而勿骄。果而不得已，果而勿强。
>
> 物壮则老，是谓不道。不道早已。

善用武力的人只需把事情做成，而不用炫耀武力。即使做成了事情也不自认为有才能和知识，即使做成了事情也不自我夸耀，即使做成了事情也绝不会傲慢，即使做成了事情也是因不得已而为之，成功了也不会示强。

事物的势头太昌盛就会向衰落转变，这不合乎道。不合乎道就会很快灭亡。

> 福生于无为，患生于多欲。
> ——《淮南子·缪称训》

虽然最初否认以武力作战，但《老子》在此设想战斗场面，说即使能妥善运用武力取得胜利也不应因此而耀武扬威、故意示强，就是说不得已才作战。从这部分可以看到《老子》并不全面否认战争的现实的一面。可能是因为《老子》写就的时代是为扩大领土而群雄割据的乱世，所以也不可能完全否定战争吧。

关于武器的使用，《老子》认为虽然能不使用是最好的，但万不得已的场合也可以使用。在第三十一章中这样讨论武器的使用方法：

> 夫佳兵者，不祥之器。物或恶之，故有道者不处。
>
> 君子居则贵左，用兵则贵右。
>
> 兵者不祥之器，非君子之器。不得已而用之，恬淡为上。
>
> 胜而不美，而美之者，是乐杀人。夫乐杀人者，则不可以得志于天下矣。

---

总体来说武器是不祥的工具。人们大多厌恶，因此，得道的人不会站在使用武器的立场上。
君主平时以左侧为贵，战时（和葬礼一样）以右侧为贵。
武器是不吉祥的工具，不是君子使用的器具。不得已而用的时候，低调使用最好。
即使打胜了也不赞美那种胜利，如果赞美的话，那就是以杀人为乐。如果以杀人为乐的话，就不可能征服得了天下。

> 过而不改，是谓过矣。
> ——《论语·卫灵公》

这里与其说是议论武器的使用方法，不如说是写临战之际的心态。写兵法和心态的内容在《老子》其他处也有很多，基本上主张"不主动攻击，尽量居于防守。实在不战不行的场合也要在心里意识到战争是悲哀和愚蠢的行为"。在这段话中并没有用半点言语来说"战败也好"，因为依照"道"的理想老子更主张"不战而胜"。

# 《老子》的"不战而胜"

那么,究竟什么是"不战而胜"呢?在这里我们请俄国的小说家托尔斯泰[1]登场。可能读者会感到有些意外,其实被看作非暴力主义者的托尔斯泰受《老子》思想影响很大,并写过一个作品《伊万的愚钝》。

尽管有点长,但下面我们来看看《伊万的愚钝》的故事梗概。

故事主人公青年伊万是农家兄妹四人(他有两个哥哥和一个妹妹)中的老三。村里出现了三个小恶魔,为了让他们兄弟们陷于不幸采用了很多可恶的招数。欲望深重的两个哥哥被小恶魔唆使惨遭不幸,无欲无求的伊万却因为心灵纯粹而对小恶魔的甜言蜜

---

[1] 托尔斯泰:1828—1910,名门贵族地主之子。凭《战争与和平》《安娜·卡列尼娜》两部长篇小说被誉为文豪。他长期陷于生命意义问题而苦恼,最终回心转意,在《忏悔录》一书中否定自己之前的生活。在作品《伊万的愚钝》(1885)等单纯、明了、形式简洁的作品中注入了普遍性的主题(如宗教、道德等)。

语充耳不闻。最终伊万将小恶魔捕获并获得了他们神奇的魔法。

尽管借助魔法之力伊万变得富裕，但他本来就对奢侈没有兴趣；他一边将财富分享给因小恶魔而变得身无分文的兄弟和朋友，一边仍然过着简朴的生活。有一天，因为医治了女王的难治之症，伊万竟然坐上了国王的位置。然而，在那之后伊万也不炫耀自己的地位和名誉，说"不搞体力活动不符合自己的性情"，继续和民众一道挥汗如雨地在田间务农。

不久，小恶魔的爸爸老恶魔出马了，他挑唆另外一国的国王侵略伊万的国家。伊万国家的民众奉命不作抵抗，安然不动，最终使侵略者感到毛骨悚然败退而逃。

怒不可遏的老恶魔化装成商人散发贷款，企图刺激人们的欲望使国家混乱，但满足于现在生活的民众对贷款没显露出兴趣。最后，老恶魔又煽动人们"相比用双手劳动，不如用脑子更容易赚钱"，但还是没有任何人受他的诱惑。领悟到怎样都无计可施的老恶魔因此自行消散了。

伊万的国家为了保持和平，唯一制定的法律是"辛勤劳动并有一技之长的人才有吃饭的权利，没有技能的人只能吃残羹剩饭"。

上面是《伊万的愚钝》的故事梗概，如果想知道《老子》"不战而胜"意味着什么，读了它就能很好地理解。虽然伊万和民众在故事中被称为"愚钝的傻瓜"，但实际上他们是被《老子》作为理想的人而推举的，是婴儿般纯粹而朴素的人。也就是说这篇作品描绘了《老子》世界的原貌。

第 2 章　生存哲学　089

《伊万的愚钝》只是一个故事，现实社会中有将"不战而胜"付诸实践的，那就是被誉为印度独立国父的政治家圣雄甘地[1]。以无抵抗主义、非暴力运动领袖著称的甘地非常尊重托尔斯泰，二人之间有过书信往来等非常亲切的交流。

　　甘地这样评论过托尔斯泰："他是现代产生的非暴力主义最伟大的使徒。在西洋无论是在他之后还是之前，只有他一人能将非暴力如此完全地、怀着如此深的执念、以那般非凡的洞察力和眼光描写。"（《今天才想读的甘地名言》，圣雄甘地著，古贺胜郎译，朝日新闻出版，2011年）。

　　即便甘地没有受《老子》的直接影响，如果是通过托尔斯泰的推崇而使《老子》思想传达给了甘地，从而催生了现实社会中的无抵抗主义外交政策，那就是一件很有意趣的事情。

　　对于生活于现代的我们来说，《老子》"不战而胜"的思想观念时常被当成教训而讲述。我们不断地被强行拉入与人的冲突和竞争里，在应试竞争、成功竞争中甚至冒出了区分"胜利组、失败组"的言论。即便完全地不战而胜是不可能的，但绝不骄蛮、与对手不留下隔阂和始终在内心保持谦虚姿态对我们建立和睦的世间关系也还是很有效的。

---

1　圣雄甘地：1869—1984，小藩国宰相之子。曾留学英国，取得律师资格后在南非度过二十年，从事人种差别中的维护人权活动。第一次世界大战中回到印度，作为国民会议派成员之一参加独立运动，倡导非暴力不合作运动，进行反帝国主义的民族斗争。在第二次世界大战后印度和巴基斯坦分离运动（1947）之际，由于主张印度和伊斯兰教的融合被极端印度主义者暗杀。

《老子》是作为统治的权谋术数而写的，但其中也在各处隐藏了诸多可用于妥善应对日常生活的提示。

君子忧道不忧贫。——《论语·卫灵》

## 小结：我们应该怎样生活？

- 『无为自然』的意思是什么也不作为、按本然状态生活
- 为了做到无为就不应该学习、积累知识
- 回归婴儿那样纯粹而朴素的自己
- 舍弃、舍弃再舍弃，彻底放下，然后通往『道』的世界将向你打开
- 理想的『无为』状态是『柔弱』，就是『水』的模样
- 水从不怀有意图流淌，只要顺其本性就能产生益处
- 唯有没有意图、作为且不言说的举动，才是世间最精彩的

孙子：水是最理想的形态

# 洞察人的本质

《孙子》至今还在被阅读，政治上的背景也是其理由之一。北宋时代（11世纪）以《孙子》为首的七部兵书被选为武学的教科书，进而被指定为科举[1]中武官考试采用的必修教材，不学习《孙子》就无法成为武官这一规矩一直延续到清末（20世纪初）。参加科举考试一定要背诵"四书五经"[2]，可见《孙子》被置于与之同等的位置。就这样，《孙子》因国家实施的政策而被阅读和传承。

《孙子》是一部哲学著作，理由是其中充满了对人类本质的洞察。这是将战争的本质＝人类的本质考虑的孙子才有的着眼点，

---

[1] 科举：曾经是为录用官吏而举行的考试。从隋代的587年前后官吏的世袭制度引退并开始了科举考试，目标是以能力为本录取人才，一直实施到清代的1905年才废止。由于一旦考试合格就必定能荣耀发达，因此竞争之激烈程度达到了极致。

[2] "四书五经"：儒家尤为注重的经典。四书是《大学》《中庸》《论语》《孟子》，五经是《易经》《尚书》《诗经》《礼经》《春秋》。

比如这一节：

> 是故始如处女，敌人开户。后如脱兔，敌不及拒。（第十一篇《九地篇》）

> 因此，开始的时候要显得像柔弱的处女那样使敌人安心，那样敌人就会轻易地将城门打开。然而随后豹变得像飞跑的兔子那样迅速地行动，那样敌人就不能应付激烈的变化，不能阻止我军。

这是有名成语"静如处女，动如脱兔"的由来。为了诱惑敌人麻痹大意，开始时显示出柔软的态度，之后迅速急烈地变化，不给敌人应对的宽裕时间。这里的"静与动"用"处女和脱兔"来比喻真是新鲜、准确，似乎能使人眼前浮现出士兵们的动作、态度以及表情。正是如此才说明《孙子》反映出了人类的本质，不在平时细致地观察人、把握人是无法如此表达的。

另外还有一处是下面《火攻篇》的第一节，也是对战争和人的关系进行了非常深刻的思索，读来着实令人感佩：

> 主不可以怒而兴师，将不可以愠而致战。和于利而动，不合于利而止。怒可以复喜，愠可以复悦，

> 亡国不可以复存,死者不可以复生。故明君慎之,良将警之。此安国全军之道也。

君主凭借恼怒而命令开战、将军为报复个人的仇恨而战都是不可取的。符合利益则发动,不符合利益就终止。愤怒可以转变为喜悦,仇恨也会转变为快乐,但灭亡了的国家不可能再复兴,死者也不可能再苏醒。因此英明的君主对此事会慎重,优秀的将军也会对此事抱有警惕。这是使国家安泰、军队保全的方法。

我们往往因为负面的感情驱使而采取行动。提到负面感情,大家都会想象到"真想对那家伙复仇""真想让他出丑"之类的情绪,这段话中只是代表性地提出了"发怒",其他的还有嫉恨、嫉妒、仇恨等扭曲的情绪也是行动的动机。

如果因为负面情绪就发起战争会怎么样呢?愤怒和仇恨早晚会平息吧,但一旦国家灭亡则不会再兴,死者也不会生还——这个你们明白吗?轻易发动战争那样好吗?这是孙子发出的质问。那种冷静的认识和《孙子》一开头就说"战争乃国之大事"相呼应,也是《孙子》哲学的根本思想。

那么,判断能否开战的基准是什么呢?总的来说,是否符合利益是是否行动的分界点。绝不考虑君主的感情好恶,只根据发起战争能否给本国带来利益,以及在军事地图上推演能否取胜来判断。

这部分内容如此冷静明快，连孙子的面目表情都仿佛在眼前再现。然而，实际上《孙子》的这种观点在日本明治时代以后却招来了批判。批判它的主要是军人，认为它太理想主义，不符合日本自古以来的武士道精神。那时下面这句话也同样受到批评：

兵者诡道也。（第一篇《计篇》）

军事的本质是暗算（欺骗）。

　　"军事的本质是暗算"——这是多么干净利索、直接且实际的认识，却仍然招致一部分人"不符合日本武士道精神"的评判。在司马辽太郎小说《坡上的云》中，有名的联合舰队参谋秋山真之[1]之流将《吴子》[2]评价于《孙子》之上，因为《吴子》更崇尚《孙子》不太提及的"仁义"。但这从反面更说明了《孙子》兵法是能招致那般反对的极其冷静而实际的兵法，它的根基是对人类本质的尖锐洞察。

---

1　秋山真之：1868—1918。明治时代的军人，海军中将。在日俄战争中担任率领联合舰队的东乡平八郎的参谋，日本海海战中，为打败俄罗斯舰队的大获全胜作出了贡献。

2　《吴子》：和《孙子》齐名的兵书，被认为是写成于春秋战国时代。曾经被认为是由战国兵法家、武将吴起（？—前381）所著，现在认为此种说法并无确凿证据。

心为身之主，身乃心之友。——清·袁枚《随园杂兴》

# 人该怎样活着

那么从这里我们进行分别讨论，看一下"人应该采用的姿态，应该掌握的能力"吧！首先，人最基本的"人格""资质"中要求具有什么呢？

> 将者，智、信、仁、勇、严也。
> （第一篇《计篇》）

所谓"将"是指统率军队的将军的能力，包括智（智慧）、信（信任）、仁（同情）、勇（勇气）、严（严格）等五种。

一听到将军，人们就会在脑中浮现《三国演义》[1]里的关羽和张飞的形象，就会习

---

1 《三国演义》：根据记载魏、吴、蜀三国历史的史书《三国志》演绎的历史长篇小说，1494年出版，被认为是罗贯中所著。在明清时代流行的通俗小说中，《三国演义》《水浒传》《西游记》《金瓶梅》被称为"四大奇书"。

惯性地将目光投向"勇"和"严"。但是，假如将此处的"将军"当作"组织内的管理职位"的话，前三个品质就会具有重大意义了，即身处混乱中也能做冷静判断的知性（智）、能得到上司和部下双重信任的信义之心（信）、尊重部下甚至能够扭转敌方人心的同情之心（仁）。结论是能兼具各方、保持平衡的人格是最为重要的。

接下来，从禁忌角度讨论将军（管理职位）品格和资质的文章是这篇：

> 故将有五危。必死可杀也，必生可虏也，忿速可侮也，廉洁可辱也，爱民可烦也。凡此五者，将之过也，用兵之灾也。覆军杀将，必以五危。不可不察也。（第八篇《九变篇》）

将军有五个禁忌。开始就抱着不生还的决心的野蛮之勇就会被杀害，比起胜利更执着于求生的会成为俘虏，因为恼怒而拙劣地迅速行动会受到戏弄，过度清廉洁白会被反手对付而受辱，对民众怀有过于慈善之心就会导致失去战斗的执着念头。这五项是将军绝不能犯的禁忌，是用兵的灾难。使军队覆灭、把将军追逼而死的必定是这五种禁忌。一定要深刻洞察。

这里之所以把它们归为禁忌，是因为将军过于依赖一种长项会带来弊端。"必死之觉悟""一定要生还的强烈意志""迅速的行动""清廉洁白""爱民之心"本来都是将军必须具备的资质（长处），但过度凸显某一长处，缺少和其他品格的平衡，那它自身就成了最大的缺陷。比如，"必生""一定要生还的强烈意志"十分重要，但是，假如任何情况下都只执着于生还的话，也就完全等同于腰杆软弱，那么所有的战术都不会奏效，结局只会变为敌方的俘虏。由此还是追求资质间的平衡为最好。

再看一下这两句：

> 战争虽然尊重胜利，却不认为长久战有价值。

故兵贵胜，不贵久。（第二篇《作战篇》）

> 军队的实情是以迅速为第一。在敌人准备还没有做好的时候乘着间隙，使用意想不到的方法，攻击敌人不戒备之处。

兵之情主速。乘人之不及，由不虞之道，攻其所不戒也。（第十一篇《九地篇》）

这里要求有"迅速的行动力"。

《孙子》推崇速度有两个理由。其一是通过速度而产生"势"。势可变为巨大力量而打开局面。另外一个是《孙子》的思想是将"短期作战"视为最佳，或者说是只认为短期作战可行的独一无二的战争观。战争越拖沓越会变为消耗战，既压迫国家经济也使国土荒芜，也会使士兵心里产生厌战的情绪。还有，从前面提到过的太平洋战争的例子也能明白，一旦变为长期战争，物质能量占优的一方肯定会取得最终的胜利。

就这样，《孙子》认为战争作为国家头等大事，只要它不能给国家带来利益，就是"不划算的事业"，那么只有迅速先发制人地攻击、进行短期决战才是必需之路。

## 灵活判断情况并采取与实力相符的对策

战争恐怕是所有人类的活动中情况变化得最令人眼花缭乱的一项。在两军关系时刻发生变化的同时，彼此都采取欺骗对手的微妙计策，不容大意。因此，假如不特别冷静地判断情况就会被对手的假动作蒙骗，贸然出征就会被轻易地讨伐。为了避免以上情况的发生，《孙子》很详细地写下了"判别情况"的方法。

> 故用兵之法，高陵勿向，背丘勿逆，绝地勿留，佯北勿从，锐卒勿攻，饵兵勿食，归师勿遏，围师

因此在运用军队之际，绝不能面向在高高丘陵上布阵的敌军进攻，不要迎击背靠山丘的敌军，不要和在险峻的地形布阵的敌军长久对峙，不要被假装退却的敌人勾引着深入追随，不要进攻士兵保有锐气的军队。不要紧咬住引诱我方行动而作为诱饵的士兵，不要阻止败北决定归国的军队，一定要为被四面包围的敌军预先打开一条退路。不要穷追进退之路都穷尽的敌人。这是运用军队的法则。

必阙，穷寇勿迫。此用兵之法也。

（第七篇《军争篇》）

关于"佯北（假装的退却）勿从"指的是，一般情况下敌军宣称"战败了"并退兵时，对其追击是战场上的自然心理，实际上这是敌军伏兵在狭窄退路上等待我方到来的计谋。或许《孙子》知道很多这样的战例，也可能是因为孙子了解"诡道"是兵家常事，敌方也会屡出奇技，所以才总结出绝不要纵深追击退却之敌。

"归师勿遏，围师必阙"前半句是说"绝不要阻止决意败北归国的军队"，因为一心想着回故乡的士兵遭遇阻截一定会拼死作战，会对我方造成很大伤害。后半句的意思是"一定要给被四面八方包围的敌军留出一个退却之路"。这是说敌军在完全被包围之后，会因陷入绝境、自暴自弃而做出超乎常规的举动，这对我方的危害也很大。因此，要预留给敌军能从那里沮丧而逃的退路。这段话中的无论哪条都是告诫人们，为了达到目的不能轻举妄动，要

> 死辱片时痛，生辱长年羞。
> ——中唐·孟郊《夜感自遣》

对情况进行良好判断。

这么看来，我们发现《孙子》所言多数是和人类微妙心理相关的事宜，这恐怕是因为孙子自己发现了兵法和人类心理关系十分密切吧。

下面我们从根据情况判断应该采取怎样的行动，即采取"和实力相符的对策"的角度来看吧。

> 兵力运用的法则是，如果自己军队的兵力是敌军的十倍，就将敌军包围一举进攻，如果是五倍就正面进攻，如果是两倍就将敌军分割各个击破，如果双方兵力匹敌，胜败就取决于如何战斗，如果自己的军队比敌方少，就要谋划保全兵力和如何退却，如果兵力与对方完全不能匹敌，就要立即从战场上脱离。

故用兵之法，十则围之，五则攻之，倍则分之，敌则能战之，少则能逃之，不若则能避之。（第三篇《谋攻篇》）

我经常收到这样的疑问：《孙子》作为一部兵书必然会写"如何能取胜"，那么如果形势不利或者失败的时候该怎么办，《孙子》中也写了吗？确实，在《孙子》中基本没有讨论该如何应对失败，可能是《孙子》自信地认为如果实践了自己的兵法就不会失败的缘故吧。但《孙子》的思想是，从起初就不应该打一场会失败的战争，因此也就没必要讨论失败时候的事情。

最能体现《孙子》上述想法且非常有趣的内容，是在"少则能逃之"以下的部分。首先，《孙子》说在我方兵力人数少于敌方的场合，要考虑暂且退散的方法，不做无谋的出征。"不若则能避之"说的是在敌我兵力极其悬殊的场合，就要考虑一刻不停地从战场上撤离，而绝不是抱着玉碎的决心果敢出击。孙子并无以逃跑为耻的意识。

暂且保存我方兵力，这一回即使失败而归，但期待以后卷土重来不也行吗？这就是《孙子》的"不败之战"的思想，它是贯穿于《孙子兵法》全体的哲学。

大家已经知道孙子是个根本上的实用主义者，但他并不固执，是个灵活善变的人物。在《孙子·九变篇》中他强调对于现象总是要做综合判断并采取灵活态度。

> 是故智者之虑，必杂于利害。杂于利而务可信也。杂于害而患可解也。

正因如此，深谙智谋的人必定会就事物的利害两面进行周全考虑。由于在顾及利益的同时将害处也一同考虑，因此任务就有可能实现。相反，在顾及害处的同时也一同考虑有利的一面，就可以消解忧虑。

行百里者半九十。——《战国策·秦策》

在此孙子认为事物必然有两面，一定要知道一种现象和行动中必然含有有利的一面和有害的一面。若非如此，就会陷于只见利而不考虑害的过于乐观，或者相反，只见害而不考虑利的过于悲观。如果懂得利害互为表里的道理，就会在见利的时候也能顾虑到害，相反，在似乎只有害显现时也能看到利的一面。

《孙子》展开的是一种极其美妙的辩证法式的灵活思考，由之，哲学家孙子更加兴致盎然地把思索深入下去。

## 气和势——根本物质和集团能量

在中国古代的宇宙观中，用"气"这个词语来表达构成世界物质的最小单位。"气"本来是冬天人吐出的白色呼吸之气或者上升的水蒸气，它被古人看作构成世界的物质，也被认为是带来宇宙诸多现象的根本物质。战国时代演进出解释宇宙复杂性的阴阳五行说[1]理论，在那之前，担当解释宇宙职能的是最朴素的"气"的思想。

孙子是最早将"气"的思想导入兵法的思想家。例如，他这样说明军队和气的关系。

---

1 阴阳五行说：中国传统思想的世界观。它在春秋战国时期出现，是把所有的事物都看作"阴"和"阳"交替循环的阴阳思想，以及用"金、木、水、火、土"说明所有事物的相互关系的五行思想，这二者的结合。

故三军可夺气。将军可夺心。是故朝气锐，昼气惰，暮气归。善用兵者，避其锐气，击其惰归。此治气也。（第七篇《军争篇》）

> 能剥夺敌军的勇气，夺取敌将的心志。什么时间最有效呢？早晨的气势充实锐利，中午时分气势怠惰，晚上的松懈萎靡。因此，战争中的高手，会回避敌人气势最尖锐的时候，在他们松懈萎靡的时候攻击。这就是制御气和战胜敌人的方法。

为什么即使是同样的军队，用同样的军备和同样的敌军作战，胜败也因时而变呢？"气力"是要因之一。气力充实者胜，气力松懈者败，气力管控的火候在很大程度上左右胜败。但是，《孙子》说气力也不单单是干劲儿的问题，还取决于进入我们体内的宇宙根源之气本身的高涨或者停滞。因此，一定要把握住气最充实的那个时刻。

气也能传播给别人。首先会传播给同时在场的其他人并形成整个场域的共通之气。如果在现场群情高昂的场合，在热烈的气氛中大家就会共有一种气息，那种集体共有的能量就是"势"。

下面《孙子》用其他的文字来解释"势"：

激水之疾，至于漂石者，势也。
鸷鸟之击，至于毁折者，节也。

是故善战者，其势险，其节短。

势如矿弩，节如发机。（第五篇《势篇》）

首先，"激水"是指非常湍急之水，或是泥石流那样的。其强烈的势（能量）能掀翻看似不可能动摇的巨石并让其漂流而下，这种图景非常容易想象和理解。另外能够比喻"势"的积蓄和"节"的例子，是将弩拉到极限后将箭矢发射这一过程中的能量储蓄和瞬间释放。

《孙子》这样解释了势之后，将之和气一同对应到作战中，就是士卒的气力和集团的能量。《孙子》将战斗中"气"和"势"的思想提炼成如此理论：鼓足劲头，乘势而胜。

> 水湍急到能使石头漂流起来，是因为有势。鹰和隼等猛禽急速下降，能捕杀猎物，是因为节奏恰当。
> 因此能巧妙作战的人，会将势头蓄积到迸发之前的那一刻，其能量爆发也是在一瞬之间。
> 蓄积势头就好比将杀伤力高的弩（有机械装置的弓）满弦张开，所谓节就好比将弩的扳机瞬间击发。

## 水——军队的理想姿态

孙子还将水看作理想军队的姿态。这当然是种比喻，但那的确是他思考的方向。他是如何想的呢？看看《孙子》的解说：

> 夫兵形象水。水行之，避高而趋下。兵之形，避实而击虚。水因地而制流，兵因敌而制胜。故兵无常势，水无常形。能因敌变化而取胜者，谓之神。（第六篇《虚实篇》）

军队应将水作为理想姿态。水的流动避开高处向低处行走。军队也应该回避开敌人的"实"（充实的敌阵）而攻击"虚"（薄弱之处）。水根据地形而决定流向，军队顺应敌人的实际情况而制胜。所以军队没有恒常不变的形态，水也没有一成不变的形态。一切都自然地随顺敌人的变化而变化并取胜，这种巧妙的变化在常人看来就如同"神"的妙法。

水一定从高处向低处流。有岩石则迂回，用容器盛则变成容器的形状，即能跟随对象而灵活改变姿态，水自己并不拥有固定的形状。《孙子》认为军队就应该以水的姿态为理想。当然，军队有其基本的行动规范，但一定要根据敌人的状况、现场的状况而变化。军队也要像水沿着地形灵活流动那样，应对敌军阵形变化而获取胜利。就是说，军队也要像水没有固定形状那样，不拥有固定的形状和态势。

即使《孙子》中这样说，由于人类是愚钝的，一次按某种方法得手之后，就会拘泥于那种印象，很容易地想下一次也使用同样的手段。然而，情况必然在时刻变化着，同一种局面也肯定不会重来。在那种情况下，能否把此前成功的记忆暂时舍掉，能否改组成新的阵形，也就是是否具备灵活性，就变成衡量军队是否强大或指挥官能力是否高超的标准了。沉醉于日本海海战大胜的帝国海军，在飞机时代还执着于用舰队决战，结果惨遭毁灭的历史，就是依赖过去的成功而丢失了人（军队）的灵活性的实例。

水表面看上去很弱，也并没有什么显眼的特征，但是，发洪水的时候我们切身体会到，一旦暴虐起来水就会释放出令人无计可施的能量。即便那样它的形状还是十分柔软。

将兼具强大和柔软的水视为理想军队姿态的孙子，马上就要与写下"天下莫柔弱于水，而攻坚强者莫之能胜，以其无以易之"（世间没有比水更柔软的，但是也没有比水更能攻克坚固强大之物的，因为水从不改变本来的性质）的老子会面了。

> 渊广者其鱼大，主明者其臣慧。
> ——《韩诗外传·卷五》

第 2 章　生存哲学　111

## 小结：人应该怎样活着（从兵法中解读人生哲学）

- 重要的是具备将智慧、信赖、同情、勇气、严厉合为一体的平衡的人格
- 进而，有必要采取迅速的行动
- 遇事能进行冷静的情况判断
- 能采用和自己实力相适应的对策
- 在面临某种现象和采取行动时，一定要同时认识它的利益面和有害面
- 一定要珍视『气』最充实的时机
- 然后，像水那样根据对象不同而采用柔软的姿态，不拘泥于固定形式地变化

隔空对谈 老子×孙子

『水』使人变成哲学家

## 将"水"作为理想的思想

**孙子**：您说过"道"与水相近呀！

**老子**：的确，我说过"上善若水"这样的话。水施恩于万物而不与万物相争，停留在众人都不喜欢的低处，所以最接近于"道"（《老子》第八章）。

**孙子**："道"是"理想"那样的东西，在第 1 章对谈中已经讨教过了。如果那样，"近于道"就会理解为"近于理想的状态"，为什么说"水"是理想的状态呢？

**老子**：水没有"就是这样"的形态。水柔软，可以变化成任何形态。还有，它能避开强大坚固的东西，不因着任何命令而自然地流入低处，能心平气和地流进谁都讨厌的肮脏地方，那样才能施巨大恩惠于万物。没有水人类就无法生存,因此说"上善若水"。

**孙子：** 难怪。我也将理想的军队比喻成"水"。这样考虑的前提是,在战场上,我方军队要将形态隐匿,不暴露实际形态给敌人;敌人如果暴露形态,那么我方就能集中力量。假如相反,敌人摸清了我军的形态,我军实际情况一旦暴露,那么就只能迫不得已地采用最危险的用兵方法——"分散兵力"。因此,为了不让敌方知道我方的实情,最好就是打造"无形之军",所以我认为"军队应该以水的姿态为理想"。水根据地形而决定其流向,军队也要根据敌情而制胜。因此,军队没有一成不变的形态,水也没有固定的形态,二者都是根据敌人的变化自觉地对应变化而取胜。

水正如您所言是"无形"的,对于军队来说最重要的也是不把我军实际形态暴露给敌人,还有根据战况灵活变化。然而,由头脑顽固的将军率领的军队往往只有单一模式,布置同样的阵和采取同样的战术,这样根本不可能取胜。因此作战要将水作为理想。

## 柔弱之水的强大

**老子：**我明白您之所思了。但就凭这能战胜强敌吗？

**孙子：**水还有一大特征就是拥有巨大能量。就连滴答下落的水滴都能在不知不觉间把岩石刻出凹槽；还有在刮台风时我们能看到的，一旦水变成奔流就能卷起泥石将所有东西吞噬。水中暗藏着如此大的能量，因此我说"军队要把水的姿态当作理想状态"。另外，水还有另外一个可圈可点的品性就是从不是自己故意作为。

**老子：**啊，这样说来，我形容水的方式与你对水的理解差不多，那就是："遍天下再没有什么东西比水更柔弱了，而攻坚克强却没有什么东西可以胜过水，因为水从来没改变过本来的性质。弱胜过强，柔胜过刚，遍天下没有人不知道，但是没有人能实行。"（《老子》第七十八章）

**孙子：** 果然，的确我们是同样的想法。

**老子：** 我觉得还可以把水的品质和形态借鉴到战争和政治上。我所说的"无为自然"并不是什么都不做，而是说为了达成最终目标，故意的作为反而会变成成事的障碍。

## 水激发思想家的想象

**孙子**：无论如何，在关于水的思想上咱们成了朋友。

**老子**：是的。我也一直在想我们共同注意到了水之所强，就是所谓的"柔能克刚"。表面上看很柔弱的东西能战胜刚强，这是一种与常识相悖的真理。比如，最能把"柔"的精神活用的是武术，即尽管我方看似很柔弱，却恰能利用对手的强硬而取胜。然而，一般人都信奉推崇绝对的强势，很难将我们所说的道理付诸实践。我也只当耳旁风说了。

**孙子**：水为上善。水尽管很柔弱却又很强。对水的认识逐渐深入了。即使这样，为什么人们还是对水如此钟情呢？

**老子**：因为水能激发思想家的想象。孔子在晚年不也在河边看着流逝的水发出了"逝者不就像这川流，不舍昼夜"（《论语·子罕》）的感叹吗？这川上之叹——水引发了人的哲学思考。

**孙子：** 还有，比我们晚一千五百年的宋代儒学家解释说，不停息的河水流动展示的是宇宙的持续和发展，孔子发出的并不是慨叹之言，而是"对人类无限进步抱有的希望"。

**老子：** 原来还有那种解释呀，还是第一次听闻。

# 第 3 章　与人相处之道

老子：谦恭为佳————蜂屋邦夫

孙子：刚柔并济————汤浅邦弘

隔空对谈·老子×孙子：面对『战争』的两种思想

老子：谦恭为佳

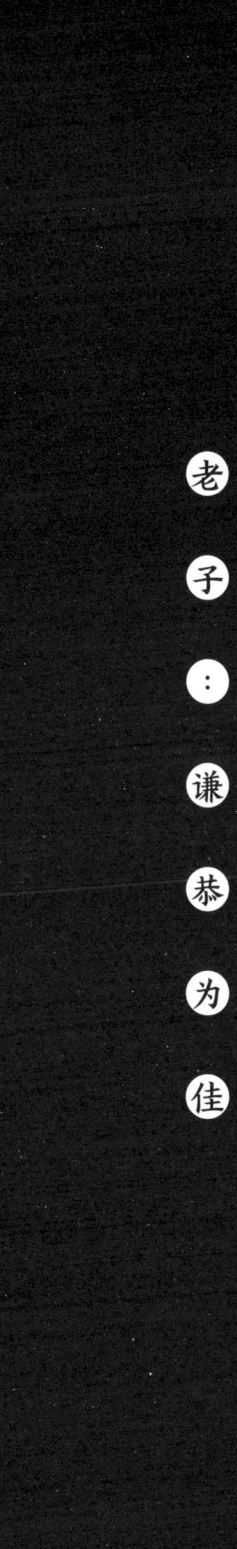

# 与其企望成功，不如避免失败

老子始终深切关心着乱世中的治国之道，因而《老子》中有许多读来是面对统治者而写的记述。然而，其中也有不少看似是对民众发出的讯息，是在写统治者治国心态时再次登场的。

在本章中，我们从老子的统治思想中不仅读取其治国方略，也讨论怎么才能将其运用到日常生活之中。

《老子》以无所作为、自己本然的"无为自然"概念为根本，论说了"无为统治"这种独创性的治国方法。通常我们统治者应该做的就是制定法令和规则，将国家和民众朝自己设定的方向引导。然而，《老子》所举荐的统治方法与常识相悖，主张不做任何束缚民众、刻意操作的事情。

正如在第2章里说明的那样，"无为"并非不做任何事，而是意味着不做那些带有强烈作为和明显意图的事情，因此所谓的无为统治，就是不进行刻意作为的统治方法。

但另一边，《老子》中也论述了具体的统治方法。比如在第六十三章中，就这样阐述了治国的心得。

> 为无为，事无事，味无味。
> 大小多少，报怨以德。图难于其易，为大于其细。天下难事必作于其易，天下大事必作于其细。是以圣人终不为大，故能成其大。

《老子》在劝谏统治者不要做刻意的事情的同时，也强调不要等到问题严重到难于下手解决才解决，而是要在小而易解的状态中就将其处置。

这也是适用于我们日常生活的为人处世的警训。比如有人在身体有小恙时放任其进展，最后因酿成难于治愈的大病而惊慌；或者因微小的言辞不当导致深刻误解，致使合作关系无果而终——这些都不是什么"天下难事""天下大事"，避免重大失败的关键是对任何事都能提早应对。

就这样，将难事防卫于未然，君主就能

---

做什么都不做的事，将什么都不是的事情当作事情，将什么味道都没有的东西当作美味。
把小的东西当大的东西对待，把少的东西当多的东西对待，用仁德回报怨恨。难的事情在其容易的时候着手，大的事情在其小的时候处理。世间难的事情肯定从容易的事情发起，世间大的事物肯定从细小的事情产生。因此圣人总是不做大的事情。也正因如此，才能成就大事。

---

雨落不上天，水覆难再收。——盛唐·李白《妾薄命》

不做大事而成就大业——《老子》如此具体地解说与常识相反的真理。

第六十三章继续写道：

> 夫轻诺必寡信，多易必多难。是以圣人犹难之，故终无难矣。

轻易地承诺就会缺少信用，把事情多低估成容易的事情就会有很多难事。因此就连圣人也将事情当作难事应对，也正因为如此，才总是不会有难事。

这里说的是对事情不仅要及早应对，还必须格外慎重。慎重和用心之缜密在《老子》思想中是常见的特质。《老子》处世哲学与其说是追求成功，不如说是将重心置于回避失败。

第六十四章中也写了同样的内容。

> 其安易持，其未兆易谋。其脆易泮，其微易散。为之于未有，治之于未乱。
>
> 合抱之木，生于毫末。九层之台，起于累土。千里之行，始于足下。

在安定的时候就容易捕捉，在没有兆头的时候就容易采取措施。在脆弱的时候就容易分解，在微小的时候就容易打散。在事情还没发生的时候处置，在还没混乱的时候治理。

数人合抱之粗的树木也是从毛毛般大小的萌芽生长起来的。九层高的高大楼台也是由泥土堆积建造而成。千里的路程是从第一步行走开始。

凡事在容易的时候处置，这和第六十三章所言一样，但这里将问题的应对方法用

非知之艰，行之惟艰。——《书经》说命·中

反说的形式展开,推导出成大事应有的心态。"千里之行,始于足下"这句著名的格言说的是"千里之路也要从第一步开始",即无论多远的行程也要从眼前的头一步开始迈。

这样看来,《老子》所指示的统治方法或者处世之道,是朴素而坚实的。

## 不自作主张才能获得人们的敬爱

老子在第五十六章里论说了统治者和民众接触时的心得。

> 知者不言，言者不知。
> 塞其兑，闭其门，挫其锐，解其分，和其光，同其尘，是谓玄同。
> 故不可得而亲，不可得而疏。不可得而利，不可得而害。不可得而贵，不可得而贱。故为天下贵。

真正知道的人不会说，说的人不是真正知道的人。（真正知道的人）会将能唤起欲望的耳朵和眼睛等孔穴阻塞，把产生欲望的心之门关闭，会把知识和智慧的锋利削弱，会把由知识和智慧引发的分别烦恼消解，使知识和智慧的光泽柔和，与世间的人们同化，这就是所谓与道的玄妙的合一。

因此，世间的人想和他亲近也不可能，而想疏远他也不可能。无法给予他利益，同时也无法给予他损害。也不能尊贵他，也不能嫌贱他。由此成为世间尊贵的存在。

有知识的人最好不炫耀其知识，要和世间同化——"和其光，同其尘"，这一节演化出"和光同尘"这个格言。说的是将才能和德行特意隐藏，融入世俗的人们之中的意思。

不彰显自己的能力同时也要抑制自己的欲望，看似是消极的态度，一般对这段理解为，即便是统治者也要和民众同心而生活。

这后面的"故不可得而亲……故为天下贵"一段，是说如果在人民中间不起眼地生活，则不会直接地给予或不给予民众利益，也不会受尊重或者被厌恶。但正因为是那样的君主，才不会变成麻烦制造者，才会受到民众支持。

那么，统治者既不受民众爱戴也不被厌烦的安定国家，究竟是怎样的社会呢？

请回想一下第2章我们介绍的托尔斯泰的小说《伊万的愚钝》。伊万即使做了国王也不过奢侈生活，更不张扬，还不特意制定法律，而是像以往那样和农民一同耕田。在这篇小说中，国民并未抱有"他一点都不像国王"的不满和不平，而是满足现状地幸福生活。但是在《老子》看来，统治者如果以伊万和他的国家为目标来管理国家的话就变成有作为了，就不能说是纯粹无为的统治。《老子》就是在这种显露出与常识相矛盾的地方让人感受到其老到和智慧。

别离滋味浓于酒。——北宋·张耒《秋蕊香·帘幕疏疏风透》

## 不全面对决，而是谦恭地对外交往

作为统治者重要的是要心静而不高调，《老子》还认为在治理国家的立场上管理者要"时常谦恭"。

《老子》在第二章里说，站在治理国家地位上的人要像水那样处于低下的位置、时常保持谦恭，进而在国家间的外交姿态上也力推谦恭。

让我们看第六十一章：

> 大国者下流，天下之交，天下之牝。牝常以静胜牡，以静为下。
>
> 故大国以下小国，则取小国。小国以下大国，则取大国。故或下

大国应该居于下游的位置，那是天下河流交汇的地方，也是天下具有女性气质魅力的地方。女性因娴静而始终胜于男性，由于本性安静才会谦逊。

因此，大国向小国显示谦逊就能得到其归顺，小国向大国表现谦逊才能被大国容纳。所以，有凭借谦逊而得到归顺的，也有因为谦逊而被容纳的。

大国不过是想将小国的人民兼并育养，小国不过是想在大国的庇护下效劳大国。

总而言之，要想使两者都实现各自的愿望，大的一方最好是保持谦逊。

以取，或下而取。

大国不过欲兼畜人，小国不过欲人事人。

夫两者各得其所欲，大者宜为下。

在春秋战国时代，特别是战国时代的诸国之间通过不停地与邻国作战而掠夺领土，《老子》在这种背景下论述大国如何保持谦恭。

同小国作战时，大国注定会取胜，但同时也会因战争受到损害；与其因为战争而使国民损失性命，还不如稳妥地将小国收纳于自己的荫蔽下。这是更好的得益之策。

另外，虽然说大国因为采取谦恭的姿态能使大国、小国双方受益，但《老子》的谦恭绝非仅仅意味着美德意义上的谦虚，而应该被理解成为"不战而胜"而选择的战术。

这样讲的依据是"女人用谦卑战胜男人"。正如《老子》高度评价作为柔软象征的水那样，他也非常尊重看上去柔弱却暗藏巨大力量的女性。在第三十六章中就有"柔弱胜刚强"的说法。

尊重女性的思想在当时男尊女卑的封建时代非常鲜有。或许是因为《老子》认为"生命"特别重要，就将其转变成对孕育生命之源的女性的尊重思想了。

《老子》推崇不战思想，也是由于战争会导致很多宝贵生命的丧失而无可挽回。

在第六十六章中，《老子》阐述了统治者因谦逊而得到的益处：

> 江海所以能为百谷王者，以其善下之，故能为百谷王。
> 
> 是以圣人欲上民，必以言下之。欲先民，必以身后之。
> 
> 是以圣人处上而民不重，处前而民不害。
> 
> 是以天下乐推而不厌。以其不争，故天下莫能与之争。

大河和大海之所以被称为王者，是因为它们居于所有河流都向其汇集的低矮处所，

> 大河和大海之所以能成为几百条河川的王者，是因为它们位于十分低平的位置上，因此才能成为几百条河川的王者。因此，圣人要想处于人民之上，就必须用谦虚的语言保持谦逊。要想处于人民的前面，就必须将自身的事情放于身后。
> 
> 所以，圣人即使身高居人民之上，人民也不会觉得他沉重，即使位于人民的前面，人民也不会将其视为障碍。
> 
> 所以，世间的人们就会高兴地拥戴他，而不厌恶他。因为他不和任何人争夺，世上的人也不会和他争夺。

这同第六十一章所说的大国应甘居下游位置、保持谦逊是同样的思想。

如果国家统治者也同样甘居低位、保持谦恭的话，那么民众就会因对其仰慕而集中到他的麾下。提倡谦恭和避免争斗的《老子》思想的根基之处，蕴藏着他的不战思想。

知之为知之，不知为不知，是知也。——《论语·为政》

## 蒙蔽对手的战术

保持谦卑的想法是一种反向战术，即先保持低姿态，而后反败为胜。在第三十六章里《老子》还介绍了另外一个诡计般的战术：

> 将欲歙之，必固张之。将欲弱之，必固强之。将欲废之，必固兴之。将欲夺之，必故与之。

意思是为了战胜敌人不应按照自己原本的意愿行事，而要做和目的相反的事情。这里所讲的就是反向战术。

这段话是将自然界原则适用到战争和人

> 要想压缩它就必须先暂且将它扩张。要想让它虚弱就必须先暂且使它强大坚固。要想废除它就必须先暂且抬举它。要想从它那里夺取就必须先暂且给予。

类社会。比如，想象一下尺蠖虫，尺蠖虫就是先用劲儿把身子紧缩然后向前行进，当身子延伸到头的时候就不能再向前进了。让对手一度增长气势，使其大意，然后照准其猛攻。这显然可以说是权谋术数。

第三十六章中还有：

> 是谓微明，柔弱胜刚强。
> 鱼不可脱于渊，国之利器不可以示人。

这就是深奥幽微的明了，柔弱者能胜刚强者。鱼不能离开深渊，国家锋芒锐利的统治方法也不能展示给人民。

鱼为了不让渔夫抓住就一定要隐身于深渊，统治者的谋略一定要保持秘密不让他人看见掌心。在第2章我们说《老子》的统治方法是一种"愚民政策"，这里所言也是愚民政策的一种。

《老子》中有很多如此这般论说权谋术数的地方，因此有人说《老子》也可作为一部兵家之书。在《孙子》一书中，我们已经看到很多书写巧妙欺骗敌人的方法。《孙子》在现代被当成生意人的处世之道而阅读，《老子》也有许多与其重合的方面。

病从口入，祸从口出。——西晋·傅玄《傅子·口铭》

第3章　与人相处之道　　135

然而，《孙子》绝不是一部宣扬战争的读物。比如，它说最高超的胜利方法是"不战而屈人之兵"，这和《老子》"不战而胜"的想法相同。《老子》《孙子》中有这样的共同点。

将"不战而胜"的想法发展到极致的话，当与比我方军队强大得多的势力作战时，会选择逃跑。

还有一部兵书在它们之后许久才出现，书名叫《三十六计》[1]，它里面的内容也是写古代的事情，它的最后部分说"三十六计走为上计"，这句话在日文里也常用到。

在形势明显不利的情况下，只能选择投降、和解、撤退三种方法。投降本身就意味着失败，和解则没有利益；最好是先撤退然后再等待其他机会——就是这样的战略，这就是在不利的局面下"逃则胜"的原因。在根本上这是和《老子》同样的、不轻率出战的思想。

尽管《老子》中有诸多权谋术数，然而老子思想之根本是不战思想。即使执着于胜利，也是希望生活在胜利后再无战争的和平环境之中。《老子》的作战方式看似没有尊严，然而，它不是单纯的意气用事，而是为了保存性命的"积极的不带意气"。

这在第七十三章中如此表示：

---

[1] 《三十六计》：古代中国所用的写有三十六条计谋的兵书，公元17世纪后成书，总结了直到公元5世纪前后的故事。

> 勇于敢则杀，勇于不敢则活。

向什么事都挺近并果敢行动者会被杀。什么事情都磨磨蹭蹭、退缩不前者则能存活。

在战场上冒进，战死的可能性就大。第七十三章将其视为自然的天意，说勇敢者天（自然的天意）杀之；与之相对，（自然的天意）让不意气用事的人得以活命。

所谓"不战而胜"战术就是无论如何都重视生命的延长，才能得以存活。这一节应作如此理解。

## 君主无为，尊重人民的自主性

战术的话题到此为止。再探求一下《老子》"无为而治"的意思吧。为什么虽然是统治者却最好什么都不做呢？第二十九章论述了其理由。

> 将欲取天下而为之，吾见其不得已。天下神器，不可为也。为者败之，执者失之。
> 故物或行或随，或嘘或吹，或强或羸，或挫或隳。
> 是以圣人去甚，去奢，去泰。

胡乱治理国家的人即使谋划和实施这样

---

要想治理天下如果刻意而为的话，我看就治理不了。天下是个神圣的器皿，刻意而为的话就会一无所得。想有所作为会将其破坏，想持有它就会失去它。

所以世上的人们既有自己慢慢前行的，也有跟随在别人身后的；既有稳重温厚的，也有激烈性急的；既有强壮的，也有体弱的；既有自爱的，也有自弃的。

因此圣人会戒绝极端的事情，放弃奢侈的事情，不做骄蛮的事情。

那样的政策，反而会造成混乱，因此不应该肆意妄为地做事情。世上人们的性格各种各样，即使想刻意地做什么事情也会无疾而终——虽然这种主张显得有些消极，但企图改变人的多样性是不可能的。

一般常识中，统治者们都会排除不顺从自己的人和那些作恶者，对其进行矫正；而《老子》却肯定所有的人。让我们看一下第四十九章。

> 圣人常无心，以百姓之心为心。善者吾善之，不善者吾亦善之。德善。信者吾信之，不信者吾亦信之。德信。

圣人在任何时候都无心，将万民的心当作自己的心。对于善良的人我认为他们善良，对于不善良的人我也认为他们善良。这样万民的德性就会变为善良了。对于诚实的人我认为他们诚实，对于不诚实的人我还认为他们诚实。这样万民的德性就会变为诚实了。

统治者对民众不持个人感情，把不善良的人也当成善良的人，把不诚信的人也当成诚信的人。那么，世间所有人就都会被视为顺应"道"和本然而生活的善人了——这种思考方法是无为而治的前提。

在第五章，《老子》用这种看上去极端的语言，论述了统治者应该采取的姿态。

德不孤必有邻。——《论语·里仁》

> 天地不仁，以万物为刍狗。圣人不仁，以百姓为刍狗。

天地没有什么仁爱，将万物像稻草编的犬那样对待。圣人没有什么仁爱，将人民像稻草编的犬那样对待。

"仁"是人与人和睦相处的心情，表现为对他人的友善和情爱。"刍狗"是古代中国祭祀时用的用稻草编制的犬，祭祀结束之后就会沦落到被丢弃的境地。万物在天地之间只是一时的存在，不久就会消失。天地不会因为万物消失而哀伤。

也就是说天地将万物孕育出生的时候任其自主，他们死的时候也将之委托于死亡。这段文字是在实际生活中，用客观视角来审视"道"的运行。

老子说圣人（国之统治者）对民众的态度也是一样的。和天地一样，圣人应该按照自然的天意"不情"（意思是超越人类的感情水准），不要抱持对民众同情的心态。就是民众怎么生活、如何死亡都任凭他们自主。

虽说是"自主"，这里难以理解的是，它并不是说"按照自己的意思自由自主地行事"，而是将所有都依托于"道"的意思。

# 老子心中的理想社会

第六十章描述统治者无为的话社会会变成什么样。

> 治大国若烹小鲜。以道莅天下，其鬼不神。非其鬼不神，其神不伤人。非其神不伤人，圣人亦不伤人。夫两不相伤，故德交归焉。

治理大国就要像烹煮小鱼那样。如果按照"道"来治理天下，就连鬼的行为都会变得不太灵妙了。并不是鬼的行为不灵妙，而是它的灵妙行为不会侵害人们。不只是鬼的灵妙不会侵害人们，而且圣人也不伤害人们。鬼和圣人哪个都不伤害人们，他们的恩惠才能分别惠及人们。

"小鲜"是指小鱼，煮小鱼的时候不需用筷子翻搅，而只需安静地煮。这里借用这种比喻来建议统治者最好不干涉民众。

接下来出现的"鬼"不是古代传说里出现的有角和牙齿的鬼，而是指死者的灵魂。

> 不患人之不己知，患其不能也。——《论语·宪问》

"神"是死者灵魂的力量。"不伤"意思是"不作祟"。

从前，在中国人们认为如果为政者缺失德行，天（天神）就会用灾害和疫病惩罚。如果顺应第六十章中的"道"无为而治，就不会遭遇天灾和人祸，就能让人们过上安宁太平的生活。

第二章论述的是无为而治的君主对民众应该持有的态度。

> 是以圣人处无为之事，行不言之教。万物作焉而不辞，生而不有，危而不恃，功成而弗居。夫唯弗居，是以不去。

本书的第2章中说过"道"孕育万物并使其成长，然而"道"对之不求回报，并不想支配任何事物。《老子》说圣人在治国时也应该采用同样的态度。

君主的职责并非给予特定指示，而是厘清事物的道理，之后就交付给民众的自主性。

---

正因为如此，圣人置身于无为的立场，进行不凭靠语言的教化。任凭万物的自生而不加作为，养育万物也不占有，布施恩惠也不谋求回报，成就万物也不自居有功绩。本来就不会有自居的心，所以也不会没有功绩。

那么，具体看一下进行无为而治的国家将会是什么样子吧。第八十章介绍了老子理想国的形态。

小国寡民。

> 使国家很小，使住民很少。

这作为老子的国家观念相当有名。中国现在是领土宽广的大国，《老子》反而主张"国家还是小型的好"。

《老子》主张统治者谦恭和无为而治，但用那种统治方法治理不了大国。大国的君臣上下组织一定要严谨，为保持国内秩序也要用强大的权力进行统辖。而《老子》是将小国作为理想对象展开其治国理论，所以才有无为而治的想法。

使有什佰之器而不用，使民重死而不远徙。虽有舟舆，无所乘之，虽有甲兵，无所陈之。使人复结绳而用之。

> 让人民即使有着十倍、百倍于人力的工具也不使用，让住民珍惜自己的生命，不移居到远处。即使有舟船和车辆也不乘坐，即使有甲胄和武器也不使用它们。让人民像早先那样使用结绳来做记号。

《老子》恐怕是提倡反文明的社会，这

段话将我们生活中的文明社会正面否定了。

那么，即便老子所谓的"小国寡民"有实现的可能，那会是怎样生活的呢？同样在第八十章里这样写道：

> 甘其食，美其服，安其居，乐其俗。邻国相望，鸡犬之声相闻，民至老死，不相往来。

虽然这简直是封闭式的生活，但《老子》说那随之而来的一定是所有住民都满足于自己的衣食住，都享受着自己的风俗习惯而惬意地生活。

这种社会中虽然也存在着统治者，但由于谁都没意识到其存在，也就等同于没有支配和被支配的关系。这样的社会可能不会有什么进步，但从平稳无事的角度来说，没有比它更平稳的了。生活于现代文明社会中的我们，似乎已经难以回到那种即使没有进步和发展也能安居乐业的朴素社会了。然而，在对核武器和核能发电的存在充满质疑的今天，对《老子》的想法洗耳

> 让人民把自己的食物当成美食，把自己的衣服当成美服，在自己的居室中安居，享受于自己的习俗。邻国在可眺望的不远之处，双方能听到两边鸡和狗的鸣叫声音，人民直到老死也不相互往来。

> 豹死留皮，人死留名。——《新五代史·王彦章传》

恭听不也很有意义吗？

  《老子》一书的极大魅力之一，就是将这样的普世命题向我们迎面投来。

## 小结：为实现温和外交而应该做的

- 在事态尚小且容易处理时应对
- 慎重再慎重
- 不宜炫耀知识，最好和世间同化为一体
- 总是谦卑
- 不要冲动和意气用事
- 世间人的性格各种各样，因此不要刻意地规划什么事情
- 无为而治是不给出特意的指示，只找出事物的原理，之后任由事物自主发挥

孙子：刚柔并济

## 阐述组织论最彻底的兵书

"组织"和"个人"的关系是既古老又新颖的话题。我们通常从属于公司或学校进行社会生活，但是，组织的面孔是看不见的。反而在日常生活之中，作为上司的A科长、校友的B先生、友人的C君或者恋人的D等人，他们的面孔显然有一定程度的差别，我们对他们的性格和能力也了如指掌。我们就是在与特定人物的关系中生活的。因此，我们的意识和兴趣一边倒地倾向于"个人"这一边。

实际上，当我们处于诸事不顺的环境时，往往会倚仗优秀的、拥有突出能力的个人之力；在历史上也是如此，也有将喝彩奉给那些个人光彩事迹的倾向。比如，源平合战中的若武者源义经，为《三国志》平添光彩的将军关羽、张飞的事迹，等等。不过，那些都是在时代变迁中被故事化的历史，而实际战争中仅凭借个人突出能力取胜的事例几乎没有。还有，在公司等机构中，组织越庞大，个人努力所带来的成果和影响就越被局限。组织和个人的关系很

君子劳心，小人劳力。——《春秋左氏传·襄公九年》

复杂。

在这方面,《孙子》中论述的组织和个人的关系非常明快,因为《孙子》并非讨论士兵个人行为方式,而是一部彻底解说组织论的兵书。为什么专门讨论组织呢？正如在第 1 章我们介绍过的,孙子所出生的春秋末期战争形态和之前相比发生了很大变化,之前时代的战争特点是数百乃至数万贵族组成的两方军队面对面对阵,以开战的信号为起始,在数小时甚至数日的战斗中与对方一决雌雄。与之不同的是,春秋末期的新式战争的特征是军队由多达数十万人的步兵编成,进行的是长达数年的持久战,以及远及数千里的长距离反复进攻。这种战争形态与近代动员全部国力的总体战极其相近。《孙子》正是这样一部追求与时代相适应的兵法书。因此,在《孙子》里不仅没有涉及个人行动的内容,孙子还将个人行动视作单纯的炫耀表演,是军队正常运转的障碍。能表明这一点的有以下内容：

故善战者,求之于势,不责于人。(第五篇《势篇》)

> 因此,善于作战的人利用作为集合体的军队之势取胜,而不是依赖特定人物的力量取胜。

如果只是数十人规模的团体之间的战斗,或许是拥有一位强壮勇士的一方占上风；然而当数万乃至数十万人的军队之间作战时,一两个勇士的发挥不可能对胜败产生决定性的影响。因此，战场上的高手重视用"军队的势"取胜，并不期待个人的表现。

显然，此处的"势"指的是前面章节讲述过的"能将似乎不可能撼动的巨石翻转、使其漂流而下的激流"那样的"集体能量"，是能变成千人之力、万人之力的超出每个兵卒力量之和的巨大力量。《孙子》认为有必要激发出这样的能量，它如是说：

> 像在千仞高山上滚动起来的圆石，那样的东西就是势。

如转圆石于千仞之山者，势也。

（第五篇《势篇》）

这是说即便是同样重量的岩石，将立方体形状的岩石放置于平面和将马上就要滚落的圆石悬放在高高的悬崖边上，究竟哪方拥有的能力更大呢？

平面上的岩石用微小力量无论是推或拉都不会动弹，不会产生任何能力。相对而言，高高的悬崖之上的圆形岩石稍稍推动一下就会以可怕的势头滚落下去，也就是说悬崖上面的圆石中蓄积着压倒性的势能。因此，为了在集团中持有能量,就一定要将兵卒们巧妙地引导到犹如悬崖边沿的岩石那样的状态。

当然,为了达到那样的目的,将军和兵卒们的心情就一定要保持一致。

> 居于上位的人和属下的人有同样的心情,这样会取胜。

上下同欲者胜。(第三篇《谋攻篇》)

所谓"同欲",就是指将军和兵卒们心情的取向一致。假如将军心中朝向这方、兵卒们朝向那方,能量就会分散,就不能成为强有力的集团。将军一定要巧妙地掌控兵卒们的心理动机,使其方向一致,形成渴望团结一致作战的士气。

就这样,将军和兵卒们先是一心朝着同一个方向,然后将军把兵卒们引导到像悬崖边沿的巨石那样充满位置势能的状态,将在那种状态下获得的强大势能(集团能量)毫无遗漏地发挥出来,进行有组织的战斗,最后取得胜利。这就是《孙子》观念中的所谓"胜利的方程式",在其中并没有个人涉足的余地。

> 千人同心,则得千人之力;万人异心,则无一人之用。
> ——《淮南子·兵略训》

## 将军与士兵的相处之道

在《孙子》的开头,以"兵者,国之大事"开始的《计篇》表明了孙子对战争的基本思考方法,也是应该被看作原论的一篇。其中有下面这样一节,这在第1章中也介绍过,就是判断军事行动的五个最重要的指标——"五事"(道、天、地、将、法),关于最前面的"道"《孙子》这样说:

> 道者,令民与上同意者也。故可以与之死,可以与之生,而不危也。(第一篇《计篇》)

"道"是指为政者和民众同心同德那样

> 所谓"道",就是让民众的心情和为政者保持一致的施政方式。据此,人民能和为政者生死与共,而不抱任何怀疑。

无求备于一人。——《论语·微子》

的统治，《孙子》在这一节里说为政者必须做到与民众同为一心，即在民众心中培育出为这个君主赴死而在所不辞的情感。

早在古代时期，君主和民众有天地之别，君主从不挂念民众。但是《孙子》说凡是居高位的人都要紧紧抓住自己统治的人民的心。要赢得战争并不是只依靠从上到下单向的力量，也要加上自下而上的力量；如果两方面的力量不合二为一就不能赢得战争。在古代，除了《孙子》之外没有人这么说过。这真是划时代的见解。《孙子》牢牢把握住了何为"把目光投向民众"。

沿着《孙子》的目光，现在我们来看看将军和部下的关系吧。将军虽然是战争现场的最高指挥官，但若将其放到公司组织中来理解，将军同时也是必须服从上司命令的"中间管理层"。将军既要严谨地秉持对君主和部下两边都尊重的立场，同时也要能将第2章所说"智、信、仁、勇、严"五种能力均衡掌握，所以将军是个极其了不起的重要角色。正因如此，将军和部下之间的"人事关系"的构筑方法、如何通过人与人之间的关系来进行"部下管理"等都是相当微妙的。

> 视卒如婴儿，故可与之赴深溪。
> 视卒如爱子，故可与之俱死。（第十篇《地形篇》）

指挥官俨然像看哺乳中的婴儿那样爱怜士卒，俨然像看自己可爱的孩子那样珍惜士卒。只有建筑起这样的信赖关系，将军才能率领士卒奔赴激战的战场，才能生死与共。

这和上面所说的一样与"把目光投向民

丘山积卑而为高，江河合水而为大。——《庄子·则阳》

第3章　与人相处之道　153

众"相关联。在古代，君主自不必说，将军也从不把兵卒放在心上（在孙子之前的时代，参加战争的战士都是贵族，从不动员民众参战，因此也不会有把目光投向民众的观念）。

在孙子的时代，在战争形式是国家总动员的前提下，昨天还在田地耕作的农民们被大量征兵来到战场，因此就衍生出如何有效地用兵的思考了。也就是说，"把目光投向民众（士兵）"的理念直到"军队成为常规组织的时代"才产生出来，这很有讽刺意味。《孙子》充分意识到，如果不用如同对自己孩子那样怜爱的态度看待那些和自己压根没有血缘关系、甚至连长相都分不清楚的士兵的话，根本就不可能和他们一起奔赴残酷的战场，并在战场上同生共死。

为什么这种态度那么重要呢？因为这和构筑"信赖关系"相关。如果仅仅是上意下达地下达命令，一旦下面说"不，我不想干""我讨厌做那种事"，事情也就到此为止了。因此，一定要构筑起自下而上的"为这位将军我舍命不惜"的向心力。为了实现它，居上位者就一定要带着将部下视为自己孩子那样怜爱的态度。

不过，究竟这样建筑起来的是否就是真正意义上的信赖关系，是另外一个问题。举例来说，司马迁《史记·孙子吴起列传》中记载了和孙子并列的兵家代表性思想家吴起的一则逸事，那则逸事是这样的：

作为将军的吴起经常和士卒们同衣同食、共同分担劳苦。有一次，一个士兵得了生脓疮的病，作为将军的吴起马上用嘴吸吮脓包，把脓吸了出来。知道了这件事的士兵的母亲痛哭并叹息道:"那个孩子一定会在哪里战死吧!"为什么这样说呢?因为那样的行为会在她儿子心里萌芽滋生出为将军舍命不惜的感情。

这个故事中,我们不知道吴起的举动是否具有儒家所说的"仁爱"那种纯粹的友爱,或者也很可能是出于他冷静的计算。

然而,《孙子》不仅强调和兵卒保持信赖关系的重要性,还进一步探讨仅仅有那种信赖是否就足够了。

> 卒未亲附而罚之,则不服。不服则难用也。卒已亲附而罚不行,则不可用也。故合之以文,齐之以武,是谓必取。(第九篇《行军篇》)

这里《孙子》说的是为了将原本并不是战士的民众培养成正统的士兵,很重要的一点,就是要让"文"(温情)和"武"(威武)或者"柔"和"刚"在最佳时机运行。当为了建立信赖关系而需要"柔"时,如

> 兵卒还没有充分亲近就严厉惩罚,他们就不可能对将军心服。组织心存不服的士卒是十分不易的。另一方面,虽然已经与士卒非常亲近了,将军却不能严格施以惩戒,这样士卒就会骄傲怠慢而不能为军队所用。因此,最初要用温情抓住士卒的心,也要用严厉威武来进行整顿。这是必胜所要采取的方法。

第3章 与人相处之道

果猛然进行严格的统制的话,士兵就不会对这位将军产生敬佩和重视之情;相反,当要把他们领上严酷战场而应该采取断然的"刚"的时候,如果仍然过于骄纵的话,那么士兵也会成为在战场上无用的糟糕军团。

军队是以胜利为目的组织起来的战斗集体。最高指挥官将军和士兵之间,一方面有必要像亲骨肉那样亲密地进行心意的沟通,另一方面为了不过于亲近,也有必要适当使用严正的刑罚。

## 极端状况下将军如何管理部下

下面我们看一下在极端状况下应做怎样的选择和决断。

首先的例子是远征军。长距离行军奔赴战场,由于兵卒们原本是平民百姓,所以对此会非常恐惧,脸上都写着想逃离回乡的神情。这种情况下,将军可以采用这种可以说是很无情的战术:

> 投之无所往,死且不北。死焉不得。士人尽力。(第十一篇《九地篇》)

虽然已经身在战场,但一直存有能回归

> 如果使士兵直接深入敌人腹地,并告知只有取胜才能归还,被逼迫到这种境地他们就会拼死奋战,不会阵前逃跑。怎会没有战死的决心呢,士兵必定会竭尽全力。

故国的心思的话，士兵们就不可能一心向前。在马上就要出国境的路上会出现由于害怕而逃亡的人。将军一定要防备这样的情况发生。上面这段话说的就是此时将军要采用的策略，要将部队领向不可回绝的只能奋力前进之路，也就是将士兵们带到当他们发觉时已经到了不拼命作战就回不去的境地。这个战术对于士兵们来说是很无情。

将军要像"迂直之计"[1]所说的那样蒙骗自己部队的士兵，比如故意选择绕远的进攻路线或假装行踪不定，让他们在没有觉察到自己所在场所的状态下进犯到敌人深处。然后，当士兵们意识到的时候，已经陷入无路可走的状况，而到这种地步后能够采取的策略仅有一个，就是只能取胜而归。人在被穷追到极限状况下才能产生斗志。士兵们那时候肯定会拼死尽力，由此产生势能，从而开启活路。

训练不到位的、由平民组成的军队，其注意力和关注的东西各种各样，非常分散，心思你东我西地朝向不同方向，完全不集中。让这种军队朝同一个方向齐心协力是最困难的事情。在孙子的时代，伴随着战争形态的变化，军队里普通平民蜂拥而至，《孙子》兵法的前提正是这种由普通人组成的庞大军队。《孙子》为了应付那些没有斗志的、能逃走就不再想归队的人真是煞费了不少苦心。

---

1 迂直之计：看上去像是在绕远，实际上使敌人大意，在其疏漏中先行到达的计谋。"军争之难者，以迂为直，以患为利。故迂其途，而诱之以利，后人发，先人至，此知迂直之计者也。"（第七篇《军争篇》）

此外，关于将军如何做决断也听听《孙子》的意见吧。下面说的是和国家最高权力者君主之间的关系。

> 故战道必胜，主曰无战，必战可也。战道不胜，主曰必战，无战可也。（第十篇《地形篇》）

如果按照战争的规律能预见必胜的话，即便主君说不能开战，也可以果断作战。如果按照战争的规律没有胜算时，即便主君说一定要打，也不能开战。

无论在东洋、西洋的任何时代，所有具备指挥命令系统的组织，特别是军事组织之中，绝对不允许两件事情的发生：一是反抗上司，二是临阵脱逃。因为只要这两种事情存在，组织就难以维持，所以是重罪。《孙子》当然也数度强调了对命令的彻底遵守。

但是作为例外，孙子说在战斗时身为最高指挥官的将军对现场实情和部下情况最了解，以他的判断为优先的情况也是存在的。在《九变篇》里，以下内容说的就是这个。

> 君命有所不受。

也有不能接受的主君的命令。

谗言巧，佞言甘。——北宋·林逋《省心录》

前面的一节说的是，即使君主说"先按兵不动"，如果将军判断现在是绝对良机，开战也未尝不可；相反，即使君主说"应该进攻"，而如果将军判断一旦开战必然失败，不接受君主的命令、不投入战斗也是可以的。

然而，这也是非常危险的思想。因为一旦被扩大理解，就会变成无视上司的命令也可以。假若允许军曹、伍长等下级士官也这样做的话，命令系统就会崩溃，就是另外一个棘手的问题了。

将这段话放到现代社会来看，《孙子》的意思是不了解现场情况的上司所下达的命令会有错误的可能，因此这时可以对上司说"既然您全权授予我负责处理这件事，就以我的判断为主吧"。在必要的时候对喜欢指手画脚的君主表达反对意见，那是作为中间管理职位的将军的权限和职责。

## 人际关系的要诀

至此，我们一边讨论《孙子》的组织论，将军（中间管理层）、君主（上司）和民众（部下）的不同形象，一边解读人与人之间的关系。从此处开始想说一下《孙子》在人际关系上涉及到的最深奥义，也可以说是人际要诀。

先看看《孙子》最开始的部分那句最有名的话吧。

> 知己知彼，百战不殆。不知彼而知己，一胜一负。不知彼不知己，每战必殆。（第三篇《谋攻篇》）

知道敌人的实情并且知道自家军队的实情，那么即便是一百次作战也不会失败。如果没能获得关于敌人实情的充分情报，但是对自家军队的实情有充分把握，这种时候作战有胜有负。不知道敌情也不了解自己的话，那么每次战斗都会深陷失败的危险。

> 破山中贼易，破心中贼难。——明·王阳明《与杨仕德薛尚谦书》

这著名的一节中的内容实在是非常有趣，用现代话语来说就是一定要好好搞 intelligence，即谍报活动、情报收集等工作。两千五百年前已经明确提出这一点，真是令人吃惊。在《孙子》之前，视察敌情、使用间谍把握敌人的实际状态等，这些事情谁都没曾想到过。

因为战争的结果最终是由敌人和我方的战斗力之差决定的，如果不知道敌人（彼）的情况，胜败的预测就无法成立——《孙子》已经注意到了这一正确无误的事实。同时，它也说知道自己（己）的实力也非常重要，这也是从双方战斗力的比较而得来的结论。

"知己知彼，百战不殆"这句话虽然来源于军事战争，可是它对现代人处理人际关系也是重要的提示。对另一个人的情报（情况）完全无知的话，就无法进行交流；对自己性格短板和优势不了解的话，也难以构筑良好的人际关系。顺带说一下，想摸清人的长处和隐藏的能力是很难的事情，但人的失败和缺点却很容易被了解。

《论语》中，孔子虽然也说褒奖人很重要，但绝不是单纯地把人捧上天。仔细地观察对方，了解此人的短处和长处在哪里，同去年相比今年哪一部分更加凸显，等等，然后再根据以上这些对人进行褒奖。在好好观察对方这一方面，《论语》和《孙子》有一脉相通之处。把它应用到现代人与人的关系处理上不也十分有效吗？

> 故形兵之极至于无形。无形则深间不能窥，智者不能谋。（第六篇《虚实篇》）

因此，军队之形态的极致就是无形。没有实际形态，潜入的间谍也窥见不到，就连有智谋的人也无法用策略和计谋算计到。

作为《孙子》成书背景的战争形式不是平原会战，而是需要隐藏军队实情的同时驱动军队行动，然后进攻敌军之虚的战争。正因如此，被敌人知道了军队实情是下策。被知道实情就会被敌人采取对策，对我方不利。《孙子》说为了避免这种处境，就要将军队打造成"无形"之军。然而，无形的极致形态是水。没有固定形式、自然而柔软地变化的水所保持的"无形"，是悄然而美丽的形象。

儒家有人应不假修饰、诚实地生活的道德观点，正因如此，那些将自己百分百地坦露给他人而活着的人就不符合《孙子》的道德论了。通常来说，人往往下意识地隐藏起自己会让对方不快的一面。从这层意义上说，不有意图地隐藏，但也不刻意将自己暴露给别人的生活方式，就仿佛是水所塑形的"无形"，很自然地呈现出它的样子。

最后来看出乎常人意料的一节。中国思想家和诗人最擅长用反着说的方式表达真正意图，这段也是其精彩的杰作。

> 辞卑而益备者，进也。辞强而进驱者，退也。轻车先出居其侧者，陈也。无约而请和者，谋也。奔走而陈兵者，期也。半进半退者，诱也。（第九篇《行军篇》）

敌人在用语上低调且显现出专注于防守，实际上那是在做着进攻的准备。相反，用高调的语气、做出要进攻的样子，实际上那是在做着退却的准备。机动性强的小型战车疾驰而来在敌军两侧警备，那是正在布阵。敌人没有受到逼迫却忽然来请和，那是让我方松懈大意的阴谋。传令兵匆忙地来回穿梭、兵士整齐地列队，那是有了决战的意图。敌军在途中或进攻或退却，那是在引诱我方出击。

"兵乃诡道。"如何使用计谋蒙蔽敌人的目光是非常关键的。那么，当然也有必要预先考虑到敌人也会对我军施以"诡道"。重视运用"诡道"却认定自己就不会被计谋算计，这种想法就过于乐观了。因此，从"诡道"的角度去理解敌人布阵、驻屯的动向就是十分重要的情报了。

并不刻意隐瞒，却也不主动将自己曝光给他人——更前面引用的那段《孙子》原文隐含了这个意思。还有一种生活方式，看似和这相似，实际上却十分不同，就是故意隐藏自己，特别是不把自己的弱点暴

至言逆俗耳，真语必违众。《抱朴子·辨问》

露给任何人。那样的话，你也无法知道对方展现给你的状态是对方的真实面目呢，还是相反。当对方态度强硬时，是不是实际上暗含着虚弱；当对方看似虚弱时，是不是充满自信、手里握有最后的底牌呢——你一定要尝试着在脑中做这种换位思考，绝不能百分之百地将对方的言行理解为真实。

其实，《孙子》的这些观点都可以应用到"恋爱"这种人际关系上。姑且不说对方心怀不轨引诱、接近你的情况，即使不那样，把对方所说的一切完全按照表面意思接受的话，也过于实在了。恋爱中，既有互相夸赞的时候，也有互相隐藏弱点的时候。因此一定要洞察眼下展现出的外表之下是否含有正相反的事实，能否用成人的方式作出应对才是关键。

## 小结：人际关系的要诀（从将军应有素养的角度来看）

- 居于上位者一定要紧紧抓住自己部下的心
- 像爱自己孩子那样爱怜部下
- 然而，需同时保持温情和威严，即『柔』与『刚』的平衡
- 一定要熟知对手
- 同时也一定要了解自己
- 没必要轻易将自己暴露给对手
- 相反，由于不知道对手表现出来的状态是不是其本质，不要将对手的言行当作百分之百的真实

# 隔空对谈 老子×孙子

## 面对『战争』的两种思想

# 《老子》是遁世者的思想吗？

**孙子**：您劝导别人抑制欲望、不持自己主张、对他人谦恭吧？

**老子**：确实是。因为那样做的结局是能实现自己的目标。这些要素在您的兵法里没有吗？

**孙子**：实际上在我的兵法中并没有通过武力全面对决而谋取胜利的主张。最理想的情况是尽量不使用兵力、不流血地获得胜利。我用的与您相反的表达方式，但它和您的思想是一样的呀。

**老子**：正是那样。

**孙子**：可是您的思想似乎被后世所批判，因为人们疑惑"无为自然""谦让""退却"的思想归根到底不就是隐遁、隐居吗？

人们不可能舍弃家族和世间生活到深山幽谷中生活，还是需要在现实世界中扎根生存。

**老子：**那是后世人对我的误解吧。尤其是儒家一派经常会这样批判我的思想，他们把道教和佛教混为一谈，都说成是"遁世者的思想"。这是完全不恰当的批判。我的思想中有不是"遁世者思想"的证据，比如我十分明确地描述过"理想国家的图像"，那就是"小国寡民"，即"保持小型的国家，数量稀少的人民"（《老子》第八十章），那种小国家里的居民从不使用这样那样的工具，从不乘坐船和车，从不使用武器，吃饭、穿衣、居住都自给自足。总而言之，他们享乐生活，不抱有多余的欲望，营造朴素的日子，我提倡的是那种国家。

**孙子：**原来如此。回想起来，春秋战国时代诸国都争相竞争着富国强兵，我也屡次被五霸之一的吴王任命为将军，担当武力强国的一支力量。然而身处那个时代，您对此是主张反对的吧。

**老子：**是的。我的信念或者说是思想是反对武力扩张国土的。我再解说一下我所提出的国家经营论吧。比如，"治大国若烹小鲜"（《老子》第六十章）。在烹制小鱼时，如果我们总想知道鱼是不是熟了而老是翻搅，鱼的身子就会变得稀烂；最好的方式是什么都不做，静静等着鱼被煮熟。与此相同，政权如果强行干涉民众的生活，国家反而会混乱不堪——这就是我根本的政治思想。现在您明白了吧，我从来没有说要舍弃世间一切变成隐者。在谈到世间关系时也只说谦让非常重要，没说过要永久地身退隐居。谦让是维系良好人际关系的最大秘诀。

# 组织之中的人

**老子：** 那么，现在由我来问问您吧。在人际关系上，您心目中的军队组织是否就是令行禁止、从上至下严格执行的组织？

**孙子：** 确实，这就是我说的严格的组织论。指挥命令系统必须一元化，长官命令是绝对的。只要是这种情况，其中的人际关系肯定是令行禁止。

**老子：** 您的兵法虽然和"水"的思想意气相投，但二者在人际关系上有不同观点。

**孙子：** 那恐怕是因为我的兵法是以巨大组织为前提的。在我们所生活的春秋末年，战争规模比前代一下扩大了很多，战争所动员的兵力也膨胀到数万甚至数十万人。总而言之，这时的战争并不是以前那种贵族战士之间的小规模战斗，而是胜败和国家生死存亡相关的倾国家之力的对决。这种情况下，与其说仔细揣摩每个个体的心思，不如优先思考巨大组织该怎样运转。

**老子：** 然而，导致大规模战争这种不得已的事发生的还是人，特别是为政者们。

**孙子：** 这样说也对，但即便位高如将军，毕竟也不是君主，所以将军作为国家的一员，有保卫自己国家的义不容辞的义务。

可是，不要忘了我还说过这样的话："途有所不由，军有所不击，城有所不攻，地有所不争，君命有所不受。"（《孙子·九变篇》）虽说君主的命令是绝对的，但不了解实地情况的君主所发出的命令，有可能给军队带来致命损失。现场的情况只有身处现场的人才最知情，因此我才说"君主的命令也不是绝对的""君主的命令也可拒绝"，就是说，有时需要以现场指挥官的判断为优先。

还有，对于部下，将军要先用和蔼的态度获得他们的信赖，然后再转为严格——这个顺序，或者可以说这种部下的操纵术，是作为世界最古老兵书的《孙子》最先提到的。这套人际关系构建、维持和纵横联络的方法，还适用于包括家族在内的所有人数众多的"组织"。虽然我是兵法家，但在写作兵书的时候也兼顾了其他领域。

**老子：**是啊。在对大规模战争造成的冲击的感受上，我也是一样的态度。正因如此，我才倡导停止徒劳的作为，放弃富国强兵的路线，以"小国寡民"为目标。我们的思想表面上看起来似乎相反，然而在面对战争这种人间悲剧的问题上，却也是相同的呀。

# 第4章 漫步人生的方式

老子：顺其自然————蜂屋邦夫

孙子：随机应变————汤浅邦弘

隔空对谈·老子×孙子：把『老孙』思想当作人生良药

老子：顺其自然

# 舍弃多余的东西

近年来,阅读《老子》似乎在日本悄然变成了热潮。《老子》的受欢迎可能是由于当下社会感到生存艰难的人在增多。的确,由于总是在被规则束缚的、充满竞争的社会中生活,在我们眼中,《老子》中那如水一般既柔软又坚韧的生活方式确实有被憧憬之处。

因此,在这最后一章中,我想探讨一下《老子》中也能被应用到现代社会的对生活方式的启发。

正如在此之前我们说过的那样,老子将顺从于"道"的"无为自然"的本然状态作为理想。对于人世间本然的状态,老子认为就是不抱欲望、不主张自我、谦虚、不把多余事物附着于身的赤子的样态。

那么，让我们具体地看一下第二十四章。

> 企者不立，跨者不行。自见者不明，自是者不彰。自伐者无功，自矜者不长。其在道也，曰余食赘形。物或恶之，故有道者不处。

> 用脚尖站立的人不能始终站稳，大跨步走路的人不能走远。自认为有见识的人不能明见，自认为正确者不能彰显是非。自我夸赞功绩的人没有功劳，自己赞扬才能智慧的人不能长久。从"道"的观点来说，这些都是多余的食物，是累赘的举止，是人们会厌恶的东西，因此遵循"道"的人不做那样的事情。

这段话开头的三句我们在第 2 章中也援引过了，它是说世间的人们总想把自己多少放大一点给别人看，那种故弄玄虚的行为反而会招致失败，因此绝不要那么做。要保持本然状态，就不要做那些多余的事。

日本人的道德观中将凸显自我视为不成体统，也有"出头桩子先被敲打"的成语，因此日本人很容易理解《老子》中的这一点。

下面再来看第二十二章。

> 曲则全，枉则直，洼则盈，弊则新，少则得，多则惑。

> 正因为会弯曲才得以保全，正因为会屈从才得以笔直，正因为有坑洼才得以充满，正因为有破损才得以更新，正因为有缺乏才得以获得，正因为太多了才会有迷惘。

关于"曲则全"，在古代中国有这样一个说法：扭曲生长的树木由于不好被用作

巧言令色鲜矣仁。——《论语·学而》

第4章 漫步人生的方式 179

建筑的梁和柱，因此不会被采伐，而能保全天寿。后来这句话演变成格言，意思是只有委屈自身才能保证安全。

"枉则直"是说只有将身体蜷缩起来才能向想行进的方向伸展。例如，人向前跳动的时候为了获得作用力就要先屈下身体。

"洼则盈"的意思是要像水池那样，由于低洼才能蓄水。

"弊则新"则是说，衣服等正因为破旧才会换新的。这些都是用反说方式来表达真理，都是从负面转化为正面的例子。

"少则得"有几种可能的解释。它可以解释为"拥有少量东西的人，仅得到一点点就能够满足"。而我认为，这句话应该是"欲望少的话就能得长寿"的意思。后面也会提到，《老子》很看重保全天寿。

"多则惑"的意思是多了则会迷茫，因此最好不持有太多物质和欲望。

这段文字中表现了《老子》独特的思想，那就是甘心将自己置于委曲的处境、舍弃欲望、本然朴素地生活。《老子》认为那才是充实的生活方式。

接着在《老子》第四十四章中讲了生命之宝贵。

> 名与身孰亲，身与货孰多，得与亡孰病。

> 名誉和身体究竟哪个才是更亲近爱护的？身体和财产究竟哪个更加重要？得到什么和失去什么究竟哪个更加痛苦？如果太吝惜财物就一定会陷入财务耗费消散的窘境，大量地储蓄肯定会落入严重匮乏的泥潭。所以，知道满足才不会

是故甚爱必大费，多藏必厚亡。

故知足不辱，知止不殆，可以长久。

> 遭遇受辱，知道停止才能避免危险，也才能永久延续。

对于人来说最重要的是身体（生命），名誉和财产与之相比微不足道。与其沉溺于欲望耽误了身体，还是做能身体力行的事并满足今天的生活，其结果更能保全天寿。

老子生活的时代是生存十分困难的乱世。很多人都因为战争、灾害和疾病而陷入不能尽于天寿而亡的命运，所以《老子》认为"延长生命即是人的最大幸福"。

《老子》尤其劝诫人们在处世姿态上要回避危险。虽然这显得消极，也着实有权谋术数的一面，归根结底是积极保身的思想。

虽然《老子》说抱持多余的东西会招致平衡崩塌，必然陷入巨大损失的窘境，但"多余的东西"并不专指财产和奢侈品，还有其他多余的东西。正如第2章中所援引的《老子》第四十八章所言，除欲望之外，连知

养心莫善于寡欲。——《孟子·尽心下》

识也是多余的东西，尽量不要掌握。第二十章中也说过"绝学无忧"［停止（学习）后就没有烦恼了］。

生活在信息社会的我们一般认为尽量掌握更多的知识和技术代表着社会意义上的成功，就能过上好生活从而带来幸福。然而，那是真正的幸福吗？老子让我们对此保持疑问。

## 知道满足

人们之所以难以做到无为自然是因为有欲望。那么我们详细地了解一下欲望吧。关于欲望的内容在第四十六章。

　　天下有道，却走马以粪。天下无道，戎马生于郊。

> 道能够在世间通行，就连疾驰的战马都会被下用到田间耕田。世间没有道通行，军马也会在战场的郊外产崽。

这段文字是批判统治者被欲望驱使而持续不停地发动战争。在平常的太平年代，就连适合作战的战马都被用作耕马，而在失去"道"的时代，连母马也会被驱赶去当军马，在战场的荒野上生产马驹。这段话充分表现出老子对战争的批判态度。

统治者如果不抱有贪婪欲望的话战争就不会发起。老子将战争视为人为的灾祸，主张不战的思想。

第四十六章继续说道：

> 罪莫大于可欲,咎莫大于欲得,
> 祸莫大于不知足。
> 故知足之足,常足矣。

老子告诫那些统治者，让他们抑制欲望，要知道满足。"故知足之足，常足矣"这句话作为"知足的教诲"是非常有名的一句言辞。尽管有些不好理解，但它的意思并不是说要刻意地抑制欲望，或者明明不满足还硬着头皮觉得满足。它的大意是说，要满足于无为的状态，如果能做到，就不会追求无止境的欲望，就不会对现实抱有不满了。

老子并不推崇和褒奖苦行僧似的禁欲式生活，而是否定脱离了无为自然之"道"的人为的欲望。那些扩张领土、憧憬高位等和生存没有直接关系的，就是人为的

---

没有比欲望多更大的罪恶，没有比想索取什么更大的过失，没有比不知足更大的灾祸。
因此，知道满足的满足，才是永远的满足。

君子有终身之忧，无一朝之患。
——《孟子·离娄下》

欲望。

人类是怎么都不能满足的生物。一旦习惯了好不容易得到的奢侈的生活，就会忘记欲望要适度，只想让奢侈的生活持续。让我们看看第九章是怎么说的吧。

> 持而盈之，不如其已。揣而锐之，不可长保。金玉满堂，莫之能守。富贵而骄，自遗其咎。功成身退，天之道。

一直保持在满盈的状态，不如放弃这样做。锻造刀具使其尖锐，也不可能长久地保持锋利。金银财宝盛满屋子，也不可能持续地守护下去。因富贵而骄纵傲慢，会给自己招揽灾祸。事情做成后全身隐退，是天运行的规律。

这段说的是一直保持圆满充足的状态很难维系，因此最好终止这种状态。刀具要保持最佳状态就必须不停打磨，但刀刃就会逐渐变薄而容易崩坏。房屋内贮存很多财产就会产生苦恼，担心被强盗或者趁空巢时行窃的人盯上。更甚一步，如果在获得财富和地位后滋生出傲慢的态度，那么被卷入麻烦的可能性会更高。因此，达成某种成就之后要迅速隐身而退。

虽说荣枯盛衰是世间之常事，最高的状态却难以持续的。这句"功成身退，天之道"

就像日本成语"引退的时机是关键"那样,表达出日本也推崇的美德。只有干净地隐退,名誉才能永久,也不必担心日后再度落魄。

## 简约的规劝

《老子》提倡不囿于名誉和财产。贪欲生存需要以外的东西,就一定会同时背负上苦恼和不安——为了避免如此,《老子》教诲大家要知足。不要永不停歇地追求无边的欲望,而是知晓自己能企及的高度;不期望超过自身所需的欲望并感到满足,这是人得以幸福的条件。

为了不被欲望蛊惑,时常感到满足,《老子》倡导质朴的生活。在第五十九章中,它让人们做"吝啬鬼"。

> 治人事天,莫若啬。
> 夫唯啬,是谓早服。早服谓之

治理百姓和承事于天,莫过于吝啬。
正因为吝啬,才是尽早地顺从于"道"。尽早顺从于"道"就是不断地积德。重复地积累功德,就能无往而不胜。无往而不胜就不会有极限。没有极限,就能保全国家。

富在知足,贵在求退。
——《说苑·谈丛》

重积德。重积德，则无不克。无不克，则莫知其极。莫知其极，可以有国。

即使身为君主也要尽量节约，过简朴的生活，那样就能用无限的力量保全国家——这既是对统治者的奉劝，也可以作为个人生活方式的金玉良言。

《老子》从自给自足的农耕生活方式中发现了"吝啬"的理想模型。在农民生活中没有任何东西是被浪费的。收获的水稻在获得稻米之后又被作为稻草使用，用于耕地的马和牛的粪便作为肥料利用。获取的东西从不胡乱丢弃、物尽其用是农民生活的原则。

现代社会也提倡经济实惠的生活方式，比如常听人说到"真浪费呀"等想法，对此《老子》早在两千多年前就留意到了。

在第六十七章中也有要求统治者厉行节约的言辞。

> 我有三宝，持而保之。一曰慈，

我有三个法宝，我将其妥善保存。第一是慈悲，第二是节俭，第三是不处在世人的先头。由于慈悲深厚故能勇敢，由于节俭故能广阔致远，由于不处于世人先头，就能成为万物之长。

二曰俭，三曰不敢为天下先。慈故能勇，俭故能广，不敢为天下先，故能成器长。

作为统治者立身方法之基本，慈悲、勤俭节约、不处于世人的前面，就是"三宝"。

"俭故能广"的"俭"是俭约之意，"故能广"的意思是不应轻率地将人们带入战争，通过精简兵卒以保持国力和拓广领土。

《老子》这种强烈批判人类欲望和文明的思想，也可以作为对现代社会的警示。

## 舍弃相对的价值观

虽说如此,将无为自然的生活理念实际移植到现代社会中也不是一件容易的事。抑制欲望是很难的,更何况大家都顾忌周边人的目光。

正如被称为"等级社会"那样,我们的社会由将事物进行比较的价值观构建起来,由之派生出来的进取心成为推进工业文明发展的力量。

然而,《老子》对这种用比较心态来看待事物的价值观抱有疑问。从第二章里可以看到。

> 天下皆知美之为美,斯恶已。

世人都把美当作美,而实际上那就是丑。都把善当作善,其实那根本就不是善。

所以有和无是因为有了对方才产生的,难和易是因为有了对方才成立的,长和短是有了对方才比较出来的,高和低是因为有了对方才显现的,音阶和旋律是有了对方才调和的,前面和后面是因为有了对方才互相伴随的。

皆知善之为善，斯不善已。

故有无相生，难易相成，长短相较，高下相倾，音声相和，前后相随。

美丑、善恶、贵贱以及优劣这些概念都是由用比较心态看待事物而产生的。如果不进行比较的话，美丑、善恶和优劣就都不会存在。

美之中有丑，善之中也有恶。相对立的事物也并不是只包含一方面的性质，而是两方面都包含，只是根据人观察的视角不同，而更偏向于某一方面。如果是这样，那对立的二者有什么区别呢？超越事物表面的价值取向，就是从《老子》而起的道家传统思想。

在第五十八章做过这样的论述。

祸兮福之所倚，福兮祸之所伏。孰知其极。

其无正，正复为奇，善复为妖。人之迷，其日固久。

灾祸之中隐含着幸福，灾祸就潜藏于幸福中。因此，谁知道它们的究极处呢？

本来就没有绝对的正常，正常能变为异常，善事也会变为妖异之事。人们迷惑在事物的对立之中，实在是长久。

这就是关于"祸福倚伏"的文本。在一桩事态中,不只包含一面,还包含着许多方面。因此,结果究竟是幸运还是不幸谁也不知道——这或许是当时身处战国乱世的人们惯有的心态吧。

直到昨天为止还流连于权力的强者,今天却因失势而被斩首的事情时常发生。正如"祸福如被捻在一起的绳子"(祸福相倚)、"人间万事如塞翁失马"等格言所说的,幸福中肯定有与之相随的不幸,这种观念在古代的中国和日本都存在。

人世间并不存在绝对的正确和善。《老子》感叹人们不领悟这个道理,迷惑良久。它认为如果人们能不深陷于这个只在乎表面和充满偏见的相对世界,超越它而投身于绝对的"道"的话,就能返身回到人类本来的状态。

无为自然是"道"应有的姿态,它强调"不特意作为,不受任何其他的影响,保持从远古以来的自体原貌"。正如"不受任何其他的影响"所示,世间只有"道"是唯一绝对的。可是它并不像"神"那样存在,而如同自然的天意。

表现无为自然生活状态的内容在第七章。

> 天是永远的,地是久远的。天地之所以是永远悠久的,是因为天地不企图延长生命,因此才能长生。
> 因此圣人将自身置于最后,反而能够领先,将自身置于度外反而能保全其身。不正是因为没有顾及自我的意识吗?所以能实现自我。

天长地久。天地之所以能长且久者,以其不自生,故能长生。

是以圣人后其身而身先,外其

身而身存。非以其无私耶，故能成其私。

这是说不抱有某种目的积极行动，保持谦虚、被动接受，那样反而才能实现自我。为了达到目的而去做点什么比较容易理解，但为了达到目的而不能有所作为，是非常难的。

这段话并不应按字面意思理解成什么都不做，而是要先理解"道"的自然的运转方式，然后选择顺应"道"的生活——为了实现这种无为自然的生活方式，"不努力"或许正是该有的姿态。

礼繁者，实心衰也。——《韩非子·解老》

# 《老子》的有趣之处

在这最后一章里,我们从《老子》一书中看到了对个人生活方式的启示。尽管将无为自然代入到生活方式中,容易被误解成消极的"不努力",但其实《老子》原本是乱世的统治论,它不仅谈论谦虚和老实的态度,更暗含将败局扭转成胜利的狡猾圆熟的思想。这种两面性是《老子》最有意思的地方。

《老子》第三十七章中还通过以"道常无为而无不为"(道永远是无所作为的,却又无所不为)为代表的从正反两方面讨论的方法,为我们固化的思考方法赋予新的视野。

《老子》的这种思想在现实社会中是不可能实现的理想,因此它并没有成为社会主流思想。然而,它对生活于各种时代的人们都产生了巨大的影响。我们在第 2 章中说过,被誉为印度独立之父的甘地就是经由托尔斯泰受到了《老子》思想的影响。其他还有很多将《老子》思想当作理想社会运行模式的人。

例如，1918年武者小路实笃[1]在宫崎县构建的理想乡村"新村"[2]，就是以农村为核心的小规模自给自足的社会单位，那就是受到了《老子》思想的影响。

还有20世纪60年代美国嬉皮士文化流行期间盛行的公社运动[3]，也是受到道家思想的影响。

与时代和国度无关，当今之所以有众多的人接受、继承《老子》的思想，或许是因为《老子》凭着深刻的洞察力道出了人类最根源、具有普遍性的生活方式。

中国两大思想中的另一派的儒家思想讲说的是政治结构和官僚的处世哲学，与之不同，《老子》思想所言及的内容先从社会存在方式开始，并更深入地往深处发掘，直到发展出理想的人（为政者）应有的姿态。

---

1　武者小路实笃：1885—1976，作家。和志贺直哉、有岛武郎等一起创刊文艺杂志《白桦》。著有小说《天真的人》（お目出たき人）、戏曲《他的妹妹》（その妹）等宣扬潇洒自我、充溢着生机的作品。青年时代醉心于托尔斯泰并致力于"新村"建设，战后创刊《心》杂志，也从事理想主义的社会和文化活动。

2　新村：1918年（大正七年）武者小路实笃等人在日向（宫崎县）木城村建设的生活共同体的村子。目标是创立一个入村者分担劳动并能免费获得衣、食、住的社会。由于水库计划的发表，1939年（昭和十四年）迁至埼玉县毛吕山町。

3　公社运动：于20世纪60年代后半段开始流行，美国年轻人中的嬉皮士们拒绝既成的道德习惯，发起的脱离社会的行动。"公社"是反体制生活运动的实践场所，它重视自然和人类相互接触的生活。

儿孙自有儿孙福，莫与儿孙作马牛。——《宋诗纪事·卷九十·徐守信绝句》

第4章　漫步人生的方式

《老子》思想的根基是第二十五章中"人法地，地法天，天法道，道法自然"这样格局宏大的理念。正因为它是一部超越时代和国家的展示人类根本的存在之道的思想著作，《老子》才能在长达两千数百年的岁月中被人们阅读传承，即使在今天我们阅读它也能在内心产生感应。

现在大家明白我们请大家阅读的《老子》是一部怎样的书了吗？坦白地说，《老子》是一部难解的思想之书。甚至只把握《老子》的根本概念"道"这一个概念，都并非易事，简直令人无所适从。

但是，老子思想的独特之处，就是让我们得以用新的视角审视一个根本问题——我们的生活方式。如果阅读《老子》能使人们掌握一些对此问题的新视野，对于笔者来说就是幸甚了。

## 小结：生活方式的启发

- 舍弃欲望、本然朴素地生活才是最充实的生活方式
- 切合自己身份实际地满足于当下的生活
- 知道自己的水平，不妄想变得更高
- 丢弃美丑、善恶、贵贱、优劣等相对的价值观
- 世间不存在绝对的正确和善，谁都不知道事情会变得幸运或不幸
- 不为达到目的的同时积极地采取行动，保持谦虚和被动的状态
- 『不刻意努力』的姿态是最好的

孙子：随机应变

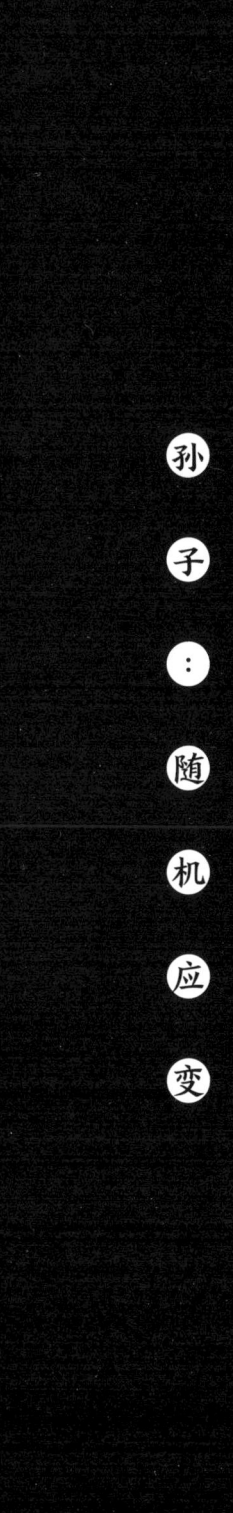

# 从兵书中独有的智谋得到启发

　　《孙子》作为一部讲述战争本质同时也饱含着对人类洞察的哲学书，自成书以来历经两千五百年，直到现在都持续带给人们影响，从这层意义上说，《孙子》堪称经典著作。

　　然而除此之外《孙子》还有一个巨大的魅力，就是"实用的经典"。在这部书中随处闪烁着许多立马能给予我们人生启示的思想和话语。将为赢得战争而谋划出来的兵书独有的智谋串联起来阅读，会发觉它们也自然地成为了人生历程的指引。实际上能否奏效另当别论，但读着有种想要"明天试试做吧"的冲动。当然，《论语》和《老子》也有这样的效果，但它们的共性都是慢慢地奏效且需要时间积累。从奏效的时效性来看，《孙子》更胜一筹。

　　为何如此暂且不表，让我们按顺序看一下那些充满智谋的例子吧。

> 夫未战而庙算胜者，得算多也。未战而庙算不胜者，得算少也。多算胜，少算不胜。而况于无算乎。吾以此观之，胜负见矣。（第一篇《计篇》）

在进行实际的战斗之前进行庙算而能胜利，胜算就多。相反，在战斗前庙算中得不到胜利的，胜算就少。在事前图上演习阶段胜算多的在实际战场中也会胜利，胜算少的在实际战场上也不能获胜。庙算时完全没有胜算的就更不用说了。我（孙武）就是根据庙算的方法进行分析，在事前就已经知晓胜败的。

这是《孙子》的开头，也是最为重要篇章之一《计篇》的结论部分。《计篇》讨论了关于战争的基本想法、军事的检讨、开战前的准备等问题。正如在第 1 章中所详见，在战前会议（庙算）上把"五事七计"等指标一一客观地在纸面上演练（分析）的结果，如果胜算多则实际作战时也能取胜，胜算少则不能取胜，应把这些都事先弄明白。孙子所说的这些，在今天看来都是不言自明的道理。

之所以说这些现在看来理所当然的事情，也正说明当时一般并不做这些事前的分析，甚至可能当时就没有这样的想法。那时，战争是否开战并不以五事七计等麻烦的程序为依据，而只凭君主的私人恩怨或者征兆、占卜等"天意"就足够了，先打打看，在战争现场再考虑能否取胜。

穷亦乐，通亦乐。——《庄子·让王》

身处这样的时代的孙子指出,在筹划战争的阶段根据客观指标分析得出有胜算,才能在战争中得胜。推崇合理性,这是我们应该向孙子学习的地方。

孙子说,进行庙算时候要就七计[君主、将军、天地(自然条件)、法令、兵众(军队)、士卒、赏罚]对我军和敌军进行比较。那么,怎么才能知道敌军的情报呢?即便向敌方询问也不会告诉我方,那就只有"窃取"这一种方法。

> 吝惜给间谍的爵位和报偿,而不能知道敌人实情的,是对民众最没有慈悲的做法。

爱爵禄百金,不知敌之情者,不仁之至也。(第十三篇《用间篇》)

《用间篇》是讨论间谍活用和情报战的篇章。

最开始看到《孙子兵法》的时候我就被孙子专门用一篇来讨论间谍活动所震惊。为什么呢,因为无论古今中外,间谍都是在暗中生存、死亡的不光彩的存在,几乎没有人可以毫不避讳地谈论此事。

实际上,在孙子所出生时代的君主的眼

中，间谍就是随用随丢的消耗品，既不会多么优待他们，也不会给予很多犒赏，而且这种思想也或多或少地传续到了当代。即使进步到高情报化的现代社会，我们还是会对有形的、可触摸到的"实物"放心地付出金钱，而在为没有实在感的"情报"付费时，则格外地犹豫。

可是孙子早在两千五百年前就断言"收集情报才是大事"，并说应该为之花用金钱。这说明他富有先见性地认识到了情报具有高端价值，并断言如果因吝惜金钱而不去了解敌国实情，无异于将黎民百姓的生命暴露于危险之中，这样做的后果完全是不体谅百姓（不仁）。

那么，要获得那种情报需要具备什么样的性格呢？孙子继续说道：

> 故明君贤将，所以动而胜人，成功出于众者，先知也。先知者，不可取于鬼神，不可象于事，不可验于度。必取于人知者也。（第十三篇《用间篇》）

聪明的主君和贤明的将军，之所以能一行动就胜敌，取得超群的成功，那是因为他们具有"先知"。"先知"不是向鬼神祷告，不是观察事物的征象，不是参考验证某个标准。一定是来自获得了对方情报的人那里。

> 自井中视星，所视不过数星。
> ——《尸子·广泽》

用某种方法预知未来——在今天来说是了解敌国实情，或者预知战争胜败，这些事情孙子都用"先知"这个词指代。

然而当时先知的方法很古怪，比如引文中所举的依靠在梦枕上站立着的鬼神告知、流星日食等天界现象、干支周期和天体运转等方式，其中最普遍的是用占卜。占卜的代表就是龟卜（用炽热的铁棍伸进龟甲炙烤，根据龟甲外表开裂的走向和程度占卜吉凶）和占筮（用蓍草起卦占卜）。阅读《春秋左氏传》[1]就会知道，春秋时代君王之间在发动战争之前用占卜预测胜败是常态。

但是孙子却排斥那种在他看来"依赖神灵"获得先知的方法。他坚信，先知只能有赖于人类的知性获得。具体就是指间谍的"情报获取"和以此为依据的审慎的"情报分析"。

由情报获取决定胜负的众所周知的战例，是公元208年魏国曹操八十万大军与三四万人的吴国孙权和蜀国刘备联军在赤壁的长江水面上展开攻防的"赤壁之战"[2]。

在此役中，联合军决定对魏国船队实行火攻作战。十一月时，风向一直对联合军不利，刘备的军师诸葛孔明根据事先收集的情报得知，近期只有一日风向会发生变化。

联合军的火船像孔明预想的那样乘着逆向吹起的大风渡过长

---

1 《春秋左氏传》："五经"之一《春秋》的注解，和《公羊传》《穀梁传》并列称为"春秋三传"。据说是孔子的弟子左丘明所著。

2 赤壁之战：东汉末期的208年在湖北省嘉鱼县、长江中游的赤壁进行的战斗。孙权和刘备的联合军攻破曹操的大军，形成魏、蜀、吴三国鼎立的局面。

江，突入密集停泊的魏军船队。魏国庞大的巨型船队被燃烧干净，曹操落得仓皇出逃。这正是印证了孙子为凸显情报重要性所说的"和兵卒规模无关，靠情报多寡决定胜负"。

## 取得先机，随机应变地行动

接着让我们看看战争开始之后的进一步方略吧。完成了收集情报、依据情报进行庙算，据此出兵之后要留意什么呢？

> 凡先处战地而待敌者逸，后处战地而趋战者劳。故善战者，致人而不致于人。（第六篇《虚实篇》）

一般来说，先到战场布阵、等待敌人来袭的军队轻松，相反，晚一步来到战场、慌忙进入战斗的军队疲累。因此，能巧妙作战的人，能随心所欲地操纵敌人，而不会被敌人将主导权夺走。

这个行动的关键词是"致人而不致于人"（致人于死，而不被人致死）。大抵意思是凡事我方应常处于把握主动权、能控制对方的一面，而绝不能被对手掌控了

功者自功，祸者自祸。——中唐·柳宗元《天说》

主动权，被人家左右。

　　记录了这一节内容的篇章名"虚实篇"，其中"虚"和"实"都是军事用语。"虚"是空虚的意思，指兵力分散、留有空隙的状态。与此相对的"实"是充实的意思，指兵力有足够的储备和紧密无隙。临场实战时，最理想的状态是用我军的"实"攻击敌军的"虚"。这一节内容说的正是及早到达战场，获得充分的休养，然后用万全的态势游刃有余地迎战、讨伐敌军——这种军队的状态就是"实"。其关键是无论何事都要取得先机，把握主导权。

　　那么进入实战时，如何行动的军队才是最理想的状态呢？在回答这个疑问时，孙子从申明他自己对战争和用兵的基本认识开始说起。

　　　故兵以诈立，以利动，以分和为变者也。（第七篇《军争篇》）

　　孙子首先将战争的基本属性定义为"诈"，同时指出"利"（利益）是进行

> 所谓战争，就是以计谋蒙蔽敌人为根本，以是否有利益为判断标准而采取行动，通过分散和集中的配合来进行巧妙的变化。

军事行动的动因。还有，将军队的运用分为"分"与"合"两种。"分"是将部队分割为多个部分展开，让他们沿不同的道路分路行进；与之相反，"合"是将兵力集中于一点，在需要将敌军主力一气击溃时最有效。

但是还有更重要的，就是将以上二者巧妙地组合起来，根据战况灵活变化。能将这点体会得当的军队行动起来就会十分机敏，就能充满活力地变化姿态。

然后，根据以上认知，孙子列举了理想军队的行动状态，这是特别有名的一节。

> 故其疾如风，其徐如林，侵掠如火，不动如山，难知如阴，动如雷震，掠乡分众，廓地分利，悬权而动。（第七篇《军争篇》）

且不论那最开头的四句被战国武将武田信玄写在插在自己铠甲背后的小旗子上面，由那四句精简而来的"风林火山"的短语至今仍然脍炙人口。

因此要像风那样迅速，像树林那样潜藏声音、隐蔽姿态，像熊熊燃烧的火一样有侵略性，像山那样沉稳不动，像乌云蔽日那样让对方难以看清实际形态，像雷的震响那样行动，在从村里掠夺粮草时要将兵卒分散，占夺土地要将士兵分开屯驻在利益攸关的要塞，要权衡利弊，临机应变地采取行动。

见人之过，得己之过；闻人之过，得己之过。——南宋·杨万里《庸言七》

208 老子无为遇上孙子兵法：像水一样生活

可能是因为信玄的关系，"风林火山"作为形容武田骑兵队勇猛果敢的成语而广为流传。但孙子的真意并不只是勇猛果敢，而是"临机应变"。就是一支军队要根据实际状况，时而像风、时而像林地变化形态，采用灵活的对应姿态。还有，这里明显也和孙子前面所说的理想军队的形态相通，即不恪守一成不变的样式，根据敌人的变化做出相应的反应，也就是"像水一样的军队"。

"风林火山"后面说到的 "掠乡分众"，可能会多少让人惊愕，实际上，孙子这里的意思是为了避免从后方长距离运输粮草造成的疲弊，进攻敌国的远征军的粮草要在当地筹集（"因粮于敌"，第二篇《作战篇》）。简单地说，就是从敌国的村庄夺取。不过在孙子的时代，军队集团集体行动的效率十分低下，一般情况下分头行动很危险，只有在收集粮草时可以果断地分散兵力，高效地夺取粮食。这也是军队应该临机应变改变其形态的又一个例证。

那么，在从头到尾的各个环节都顺利获胜后，还应该怎样行事呢？关于这一点，孙子也没忘记用一流的观点给予告诫。

夫战胜攻取，而不修其功者凶。命曰费留。（第十二篇《火攻篇》）

在战斗中获得胜利，此后懒散拖沓不及时行赏、处理战后事务，是不好的现象。这就是惜费、不论功行赏。

这段话的关键在于"费留"。在战斗中

行年五十而知四十九年非。——《淮南子·原道训》

第4章 漫步人生的方式　209

取胜并获取了城池和物资之后,不要慢吞吞地论功行赏和做战后处理,而应该迅速地撤离收兵。对在春秋末期的乱世出生的孙子来说,现实通常是一场战斗结束之后立刻就局面转移,下一场战斗马上就要开始,因此他说"千万不要总是沉浸在成功的余兴之中"。尽管如此,人们还是会在战胜的气氛中无节制地反复开庆功宴,孙子将其称为"费留"(浪费、滞留)而予以斥责。

《孙子》时常从国家经济的层面来看待战争。在《作战篇》和《用间篇》中都有战争"日费千金"之说。如果这样的话,战争还有意义吗?一定要好好考虑——孙子在书中反复劝诫。在原文中也说,即便好不容易获胜也一定要适当地进行事后处理,因为实际上战斗还在持续进行,每日都在消耗大量的战争费用。因此,在此段文字之后,孙子接着说"明主虑之,良将修之"(英明的君主会慎重考虑,优秀的将军会将战斗快速收场)。

## 不以取胜为目标，要以不败为目标

兵书就是以战术和用兵为内容的书。写兵书的目的或者阅读兵书的目的是"能在战争中获胜"——恐怕这是对兵书的一般理解。

然而，越深入阅读被称为有史以来最具代表性、最优秀的兵书《孙子》，就越能体会到孙子并没有将"能在战争中取胜"作为至上目标，至少没把在正面战斗中破敌作为至上目标。正如我们已经多次看到的，孙子兵法的真髓是"不战而胜"，应该用谋略或间谍等诡道（欺骗的方法）来实现。孙子虽然身为优秀的武人（将军），却抱有不重视实战而是重韬略的军事理念。

那么，秉持这种理念的孙子在战场上会采用什么样的兵法呢？简单来说，就是"不败的兵法"。

> 昔之善战者，先为不可胜，以待敌之可胜。不可胜在己，可胜在敌。（第四篇《形篇》）

关于这一段，有解释说它就是名句"知己知彼，百战不殆"（第三篇《谋攻篇》末尾）的直接体现。这句话中的"先为不可胜"是对我方军队而说的，"知己"是前提，"以待敌之可胜"是对敌人而说的，即有"知彼"的必要。无论怎样，都要优先摆出防御态势。孙子兵法就是"先防守，以不败为目标的兵法"。

关于"防守"的性质近年来有新的研究发现。见下面的一节。

> 不可胜者，守也。可胜者，攻也。守则不足，攻则有余。善守者藏于九地之下，善攻者动于九天之上。故能自保而全胜也。（第四篇《形篇》）

关于防守和攻击的关系，现在通行的原

---

古代战争中的高手首先会整备好即使敌人来进攻也绝不可能取胜的态势，等待敌人的阵容崩溃、自己军队必胜形势的到来。做好坚不可摧的守备态势是自己这一方的事情，是否可以等到必胜的态势是关乎敌人的事情。

做出敌人不可能战胜我方的态势，是关乎守备的。而做出我方能战胜敌人的态势，是关乎攻击的。优先守备是在兵力不足的时候，选择攻击是在兵力充裕的时候。善于守备的军队会利用几乎所有的地形，像是隐藏在地面之下，善于攻击的军队仿佛在天空疾驰。所以，不把自己的姿态暴露给敌人才能保全自己，从而获得胜利。

君主役物，小人役于物。——《荀子·修身》

文中说，"守则不足，攻则有余"（在兵力不足时优先守备，在兵力有余时选择进攻）。

然而，在银雀山汉墓（1972年发现）出土的竹简本《孙子》中，同样部分的内容却说"守则有余，攻则不足"（优先守备是在兵力富裕的时候，选择攻击是在兵力不足的时候），表达正好相反。也就是说，竹简本表达的是，守备方产生了多余的战斗力，恰是有利的战斗策略。由于竹简本比现行本更为古老，我认为"积极地重视防守"才是《孙子》本来的意思。

实际上，"积极地重视防守"更符合《孙子》的思想。胜败是时运，本来孙子就反对轻率开战；在孙子看来，通常被勇猛武夫发起的战争都是"粗陋的战争"。他的思想扎根于国家的存续和人命的保全，即"国不可灭，人不可死"。因此，为了防守，首先要构筑不败的态势，然后才保持充裕的兵力攻击——这是孙子想法的顺序。这种想法也无比正确地适用于我们的生活，即先将我们身边的好好巩固，在此基础之上再游刃有余地行动。

> 古之所谓善战者，胜易胜者也。故善战者之胜也，无智名，无勇功。（第四篇《形篇》）

古代战争中战场高手的状态，是战胜容易战胜的敌人。因此战争高手在得胜时，并不会因其智慧而名声显赫，也不会因有着勇猛的军功而被高度评价。

志士惜年，贤人惜日，圣人惜时。——清·魏源《默觚·学篇三》

第4章 漫步人生的方式　　213

真正善战的将军只和与其交战有十分胜算的对手交战。那么，由于"只和容易战胜的对手打仗"，所以不会失败，战斗也不会演变为大规模的激战。因此，这样的战斗即使取胜也不会受到鼓吹。这也正是孙子所言，真正的胜利是将军不被瞩目的战斗。相反，如果一场战斗被评为"实在是勇气可嘉"，那么可以料想的是，事前的分析和判断肯定是过于乐观了。

其实，"只和容易战胜的对手作战"就是"不和战胜不了的对手作战"。理论上确实如此。1940年，日本海军在对美开战之前做了最后一次大规模的图上演习，并得出"日本的战争持久力只有一年左右，而后进入持久战则没有胜算希望"的重大结论。即便如此，大家都知道第二年太平洋战争还是开战了。军方的目标或许是通过短期决战"取胜"吧，那是孤注一掷的赌博。

虽然历史上没有"假如"，但倘若把孙子放在1941年日本军师的位置上，太平洋战争就不会发起。在不利条件下回避战争，追求"不打败仗"的目标，那就是孙子的兵法。

虽然"不败"与取胜相比确实更低调，但也更容易得到，而且本质上是格外坚忍的意志的体现。

# 新人和新古典

孙子（孙武）可能是中国著名思想家中被误解得最严重、并且至今仍被误解的人。如果他是墨子[1]、公孙龙[2]那样的诸子、名家[3]和纵横家[4]，可能不会像现在这般为人所知。但孙子却总和兵法联系在一起，以"孙子兵法"之名被人们牢记。他的名字和思想被

---

1 墨子：战国时代的思想家，墨家的创始人，生卒年不详。以"兼爱"（无差别的博爱）和"非攻"（和平论）为其思想的特征。其著作也被称为同名的《墨子》。

2 公孙龙：约公元前320—约公元前250，战国时代赵国的思想家。其著书《公孙龙子》是观念论的理论著作，不时被看作诡辩论。

3 名家：诸子百家之一。以对"名"（名字）和"实"（实体）的概念的思考为特征，知名的代表有惠施和公孙龙等。

4 纵横家：诸子百家之一。为向诸国君主游说外交策略而奔走。代表人物有主张合纵策略的苏秦和主张连横策略的张仪。

> 酒不醉人人自醉，色不迷人人自迷。——《明心宝鉴下·省心》

人们格外地铭记。人们都会说："孙子，就是那个研究兵法和战争的人吧？"没准儿人们心中孙子的形象还是一个"喜好战争的豪杰"。

但恰恰相反。孙子实际上甚至是"厌恶战争的兵法家"。在春秋末期的乱世，孙子作为一国将军是一个经历过多次战争的专家。正因如此，或者说尽管如此，流淌在《孙子》最根底处的思想是"可能的话，最好不要战争"。说它是"战争中的和平"这种表达方式多少有些矛盾，但孙子所实践的是尽量不战而胜，以及造成巨大牺牲的胜利不如败退的兵法。孙子有着他独特的和平观。

同时，孙子还一语道破"兵者诡道也"。他也是政治上的现实主义者，为达到目的可以运用间谍和谋略。还有，他从来不信鬼神和迷信占卜等，他尊重数据和情报；也与武士道精神绝对无缘，从根本上是个合理主义者。除此之外，孙子不仅是独步古今的军事思想家，还是洞察人类本质的哲学家，也是能够读懂语言、行动背后含义的心理学者。

这样看来，孙子——假如我说的让大家感到意外的话就先在此道歉——是一个新得让人难以相信他是两千五百年前的甚至可说是近代人的人。他绝对不是一个只懂兵法和战争的豪杰。这次我略微从新的视角介绍了很"新"的孙子和他的新侧面，不知是否表达妥当。

最后要介绍的也是比较新近的研究成果，略谈一下《孙子》近年来作为"新古典"所受到的关注。

正如第 1 章中介绍的，1972 年从银雀山西汉时代古墓中出土的约五千枚竹简中含有《孙子兵法》和《孙膑兵法》。由于出土的《孙子兵法》比现行的文本早约三百年，通过将二者进行对比，我们就能揭开到目前为止仍让人困惑不解的部分的秘密。本书也谈及不同版本《孙子》的第十二篇和第十三篇顺序不同，最近对《孙子》的研究有了飞跃的发展，而且毫无疑问的是，今天全世界的研究者们都在竭力研究这部古典著作。相信未来仍然会有新的重大发现。从这层意义上说，《孙子》是非常热门的，正如"新古典"字面的意思所言。

这种情况对于《老子》也是一样的。1973 年帛书本《老子》和 1993 年竹简本《老子》出土资料的发现，也使得《老子》作为"新古典"的研究有了很大进展。20 世纪最后的 1/4 世纪对于中国思想来说真是奇迹涌现的时代。

本书的旨趣是将两种"新古典"合并观察，即使已有谈论《孙子》和《老子》的其他个别的著作，但在本书之前我还没有将《老子》和《孙子》放在同一个视角下考察过。这也是我不曾了解的，两者竟有着不可思议的相通之处。假如通过这次的对比研究，能将中国古典思想的博大世界的一隅如实呈现，实乃万幸。

## 小结：从谋略的案例中学习生存方法

- 事前的分析、计划、建立方案十分关键
- 情报收集是最重要的
- 做任何事都要取得先机、把握主动
- 像水一样，随机应变地行动
- 不要总是沉浸在成功的余兴之中
- 最重要的是不以取胜为目标，而是要先防守，以不败为目标
- 千万不要与战胜不了的对手交战

隔空对谈 老子×孙子

把『老孙』思想当作人生良药

# 真正的幸福

**孙子：** 人类最终怎样才能做到真正幸福呢？还有，怎样做才能迎来和平的世道呢？关于这些您是怎样想的？

**老子：** 是"知足"吧——我总这样说。"没有比欲望多更大的罪恶，没有比什么都想得到手更大的过失，没有比不知足更大的灾祸。因此，满足于知足是究竟的满足。"（《老子》第四十六章）人类过剩的欲望和作为——只要不放弃它们，人类就无法变得幸福，和平世道也不会到来。可能这一点和禅宗的思想相似。日本京都的隆安寺也有一个写有"我唯知足"的石洗手盆。

**孙子：** 但是儒家的孔子等人却推崇积极地学习，他说通过学习人会变得幸福呢。《论语》的开头就有"学而时习之，不亦说乎"的句子。学习古典，有机会就复习，难道不是格外欢喜的事吗？

它作为孔子的名言脍炙人口。

**老子：**"说乎"吗？我认为和这正相反。"终止学习才会无忧"（《老子》第二十章）。人掌握了多余的知识不就会让自己苦恼吗？还有，学习产生的结果是不同的人、不同的国家浸染了不同的价值观，正因价值观有不同程度的差别才会相互冲突。战争不就是不同价值观冲撞到极致的表现吗？

# 老子和庄子

**孙子：** 您的想法和庄子（公元前369—公元前286）的想法一样啊。你们二人后来被视为道家的代表，并称为"老庄"，你们的思想也被捆绑在一起，被称为"老庄思想"。

**老子：** 是啊。我其实从没见过庄子，因为他比我晚出生了二百来年，他是战国中期的思想家。庄子是个彻底的男儿，能从现实社会的纠葛中比我等更利落地脱颖而出。可以说，他追求绝对的自由，思想上也更彻底，将我的思想进一步发展，主张完全否定人类价值观的哲学——"万物齐同"论。庄子著名的言辞"物无非是"（任何事都没有不好的）（《庄子·齐物论》），就是说万物都各有其本来的优秀之处，因为人类任意地加诸价值判断，才有世间之纷乱。

比如味觉。人评价这个好吃、那个难吃，而食材原本有档次高低之差吗？丑的价值观也一样。在人类中间都有美丑价值观的不同，更何况其他动物，它们会爱恋人类中的美人吗？把那些无用的价值观和差别以及偏见全部丢掉——庄子如是说。然后，庄子主张顺从将所有事项都贯彻以同等态度的"道"而生活。

# 走向"老孙"思想

历史地看,战国时代(公元前 5 世纪中期—公元前 3 世纪末)儒家和道家的对立变得强烈。这时两家各自的代表是孟子(公元前 372—公元前 289)和与其同时代的庄子。

虽然这是儒家和道家的对立,但从另外的角度来看却是极为有趣的事。首先,儒家鼓励人们说"人只要通过努力进取,就一定能在某时得到回报",与之相对,道家……

**老子:** 当然会说"不要启动事业、不要发言、不要持有东西,只有那样才能过上安逸的生活并获得幸福",如果是继承我的思想的后辈的话,这样说是当然的。

**孙子:** 是,正是这样。儒家思想强调人的努力和进取,相当于"油门";而道家思想认为努力才是人不幸的原因,可以说是"刹车"。油门和刹车对于汽车行驶都很必要。因为如果只给油门不适度使用刹车，迟早会发生事故。同样，对于人生和社会来说，"油门"和"刹车"两方面也都是必要的。

**老子：**可是战争是什么呢，战争才是人类作为的极致，即油门全开、没有节制的事情。

**孙子：**当然。但是我的兵法说的不是用武力屈服对手的纯粹战争，而是事先重视情报收集、计划和建立方案。还有，比起进攻我更主张先建构好不败的态势。我的兵法宣扬的是"不战而化解""如何处于不败"。尽管把这说成是"战争和平主义"多少有点儿用词不当，但我确实是希望和平的人。

**老子：**如此看来，我们在祈愿人类真正幸福这一点上是导向同样结果的。现在我和庄子被一道称为"老庄"，或许从此以后可以和您一起，形成"老孙"的称呼。

**孙子：**诚然，是叫作"老孙思想"吗？兵法的特点是高效，诸如今天从书中看到应该做什么，明天马上就用得上、起效果；而您的思想是需要一段时间来慢慢生效的教诲。如果把我们二人的思想分别当作人生良药，最妥善的处方是两种都好好服用。

# 后记
## 作为不安时代的生活指南

尽管《老子》和《孙子》都是两千数百年前在中国所写的书籍，但成书以来一直持续对中国和日本产生深刻的影响。虽然表面上《老子》是背向世间的隐者之书，《孙子》是朝向实际的兵法书；《老子》是超越时代和国家的昭示人类根源性存在方式的思想之书，《孙子》是一部体系性的兵法书，却同时也是具备超越时代和国家的普遍性的著作。正因如此，我们在直面今天的人生困境的时候，也能从这两部书中得到教诲。

《老子》虽然被认为和兵法或战争没有关系，但认真阅读的话会发现里面包含着与以上问题相关的深刻思索。《老子》在根源上有着用独特论调阐释的、与《孙子》共通的反战思想，包括怎样才能不用武力而取胜等方略。同时，本书还编撰了有趣的隔空对谈，这部分不是出自笔者之手，而是由NHK出版的编辑苦心创作的，在其中也能看出两者有意外的相通之处，他们都怀抱着在同样时代环境中的同样感怀。

《孙子》探讨军事行动中观察的重要性，《老子》中也有许多通过深刻地观察天地自然和人间社会而获得的感言。如果将《孙子》的观察视作是人类行为学式的，那么，《老子》的观察毋宁说也含有自然科学视点。正因为两本著作都是以确切观察为基础写就的，在现代这种不能预测未来的不安时代也可作为生活方法的指南。怎样从两部书中读取指南会因我们所处立场和问题不同而异，恳切希望更多人能够灵活运用它们两千数百年来持续保有活力的知识和智慧。

蜂屋邦夫

图书在版编目（ＣＩＰ）数据

老子无为遇上孙子兵法：像水一样生活 /（日）蜂屋邦夫，（日）汤浅邦弘 著；齐一民 译著. — 北京：东方出版社，2023.9
ISBN 978-7-5207-1501-0

Ⅰ. ①老… Ⅱ. ①蜂… ②汤… ③齐… Ⅲ. ①《道德经》－研究②《孙子兵法》－研究 Ⅳ. ①B223.15 ②E892.25

中国国家版本馆CIP数据核字(2023)第147281号

BESSATSU NHK 100PUN de MEICHO : ROUSHI X SONSHI《MIZU》NO YOUNI IKIRU
By Hachiya Kunio and Yuasa Kunihiro
Copyright © 2015 Hachiya Kunio, Yuasa Kunihiro, NHK
All rights reserved.
Original Japanese edition published by NHK Publishing, Inc.

This Simplified Chinese language edition published by arrangement with NHK Publishing, Inc., Tokyo in care of Tuttle-Mori Agency, Inc., Tokyo through Hanhe International (HK) Co., Ltd.

老子无为遇上孙子兵法：像水一样生活

作　　者：[日] 蜂屋邦夫　[日] 汤浅邦弘
译　　著：齐一民
责任编辑：王夕月
出　　版：东方出版社
发　　行：人民东方出版传媒有限公司
地　　址：北京市东城区朝阳门内大街166号
邮　　编：100010
印　　刷：北京明恒达印务有限公司
版　　次：2023年9月第1版
印　　次：2023年9月第1次印刷
开　　本：880毫米×1230毫米　1/32
印　　张：7.5
字　　数：159千字
书　　号：ISBN 978-7-5207-1501-0
定　　价：58.00元
发行电话：(010) 85924663　85924644　85924641

版权所有，违者必究
如有印装质量问题，我社负责调换，请拨打电话：(010) 85924602　85924603